LA RUSSIE

EN 1839.

DE L'IMPRIMERIE DE CRAPELET
9, RUE DE VAUGIRARD

LA RUSSIE

EN 1839

PAR

LE MARQUIS DE CUSTINE

> « Respectez surtout les étrangers, de quelque qualité, de quelque
> rang qu'ils soient, et si vous n'êtes pas à même de les combler
> de présents, prodiguez-leur au moins des marques de bienveil-
> lance, puisque de la manière dont ils sont traités dans un pays
> dépend le bien et le mal qu'ils en disent en retournant dans
> le leur. »
> (Extrait des conseils de Vladimir Monomaque à ses enfants en 1126.
> *Histoire de l'Empire de Russie*, par Karamsin, t. II, p. 205.)

TOME PREMIER

PARIS

LIBRAIRIE D'AMYOT, ÉDITEUR

6, RUE DE LA PAIX

1843

AVANT-PROPOS.

Le goût des voyages n'a jamais été pour moi une mode, je l'apportai en naissant, et je l'ai satisfait dès ma première jeunesse. Nous sommes tous vaguement tourmentés du besoin de connaître un monde qui nous paraît un cachot, parce que nous ne l'avons pas choisi pour demeure; il me semble que je ne pourrais sortir en paix de cet étroit univers, si je n'avais tenté de parcourir et d'explorer ma prison. Plus je l'examine et plus elle s'embellit et s'agrandit à mes yeux. *Voir pour savoir :* telle est la devise du voyageur ; c'est la mienne ; je ne l'ai pas prise, la nature me l'a donnée.

Comparer les divers modes d'existence des nations de la terre, étudier la manière de penser et de sentir des peuples qui l'habitent, apprécier les rapports que Dieu a mis entre leur histoire, leurs mœurs et leur physionomie ; voyager en un mot : c'est un inépuisable aliment fourni à ma curiosité, un éternel moyen d'activité à ma pensée ; m'empêcher de parcourir le monde, c'eût été me traiter comme un savant à qui l'on déroberait la clef de sa bibliothèque.

Mais si la curiosité m'emporte, un attachement qui tient des affections de famille me ramène. Je fais alors le résumé de mes observations, et je choisis parmi mon butin les idées qu'il me paraît le plus utile de répandre.

Pendant mon séjour en Russie, comme

pendant toutes mes autres courses, deux pensées, ou plutôt deux sentiments n'ont cessé de dominer mon cœur : l'amour de la France qui me rend sévère dans les jugements que je porte sur les étrangers et sur les Français eux-mêmes, car nulle affection passionnée n'est indulgente; et l'amour de l'humanité. Trouver le point d'équilibre entre ces deux termes de nos affections ici-bas, la patrie et le genre humain, c'est la vocation de toute âme élevée. La religion seule peut résoudre un tel problème, je ne me flatte pas d'avoir atteint ce but; mais je puis et je dois dire que je n'ai jamais cessé d'y tendre de tous mes efforts, sans égard aux variations de la mode. Avec mes idées religieuses, j'ai traversé une génération indifférente, et maintenant je vois, non sans une douce surprise, ces mêmes idées préoccuper les jeunes esprits de la génération nouvelle.

Je ne suis pas de ceux qui regardent le christianisme comme un voile sacré que la raison, dans ses progrès infinis, devait déchirer un jour. La religion est voilée, mais le voile n'est pas la religion; si le christianisme s'enveloppe de symboles, ce n'est pas parce que la vérité est obscure, c'est parce qu'elle est trop éclatante, et que l'œil est faible : que si la vue se fortifie, il atteindra toujours plus loin; mais rien ne sera changé au fond des choses; les nuages ne sont pas sur les objets, ils sont sur nous.

Hors du christianisme, les hommes restent dans l'isolement, ou s'ils s'unissent, c'est pour former des sociétés politiques, c'est-à-dire pour faire la guerre à d'autres hommes. Le christianisme seul a trouvé le secret de l'association pacifique et libre, parce que seul il a montré la liberté où elle est. Le christianisme régit et régira toujours plus étroitement la terre par l'application toujours plus exacte de sa divine morale aux transactions humaines. Jusqu'ici le monde chrétien a été plus occupé du côté mystique de la religion que

AVANT-PROPOS.

de son côté politique : une nouvelle ère commence pour le christianisme ; peut-être nos neveux verront-ils l'Évangile servir de base à l'ordre public.

Mais il y aurait impiété à croire que ce fût là l'unique but du divin législateur ; ce n'est que son moyen.....

La lumière surnaturelle ne peut être acquise au genre humain que par l'union des âmes en dehors et au-dessus de tous les gouvernements temporels : société spirituelle, société sans limites : tel est l'espoir, tel est l'avenir du monde.

J'entends dire que ce but sera désormais atteint sans le secours de notre religion ; que le christianisme bâti sur un fondement ruineux, le péché originel, a fait son temps ; et que, pour accomplir sa véritable vocation méconnue jusqu'à ce jour, l'homme n'a besoin que d'obéir aux lois de la nature.

Les ambitieux d'un ordre supérieur qui réchauffent ces vieilles doctrines par leur éloquence, toujours nouvelle, sont forcés d'ajouter, pour être conséquents, que le bien et le mal n'existent que dans la pensée humaine : et que l'homme qui créa ces fantômes est libre de les anéantir.

Les preuves, soi-disant neuves qu'ils me donnent, ne me satisfont pas; mais fussent-elles plus claires que le jour, qu'y aurait-il de changé en moi?.... Qu'il soit déchu par le péché, ou qu'il soit à la place où la nature l'a voulu mettre, l'homme est un soldat enrôlé malgré lui dès sa naissance, et qui ne se dégage qu'à la mort ; et même alors, le chrétien croyant ne fait que changer de liens. Prisonnier de Dieu, le travail, l'effort, telle est sa loi et sa vie; la lâcheté lui paraît un suicide, le doute est son supplice, la victoire son espérance, la foi son repos, l'obéissance sa gloire.

Tel est l'homme de tous les temps et de tous

les pays ; mais tel est surtout l'homme civilisé par la religion de Jésus-Christ.

Le bien et le mal sont des inventions humaines, dites-vous? Mais si l'homme engendre par sa nature de si obstinés fantômes, qui donc le sauvera de lui-même? et comment échappera-t-il à cette maligne puissance de création intérieure, de mensonge, si vous voulez, qui est et demeure en lui, malgré lui, et malgré vous depuis le commencement du monde?

Tant que vous ne mettrez pas la paix de votre conscience à la place des agitations de la mienne, vous n'aurez rien fait pour moi..... La paix!.... Non, si hardi que vous soyez, vous n'oseriez vous l'attribuer!!!... Et cependant,..... notez ce point, la paix, c'est le droit, c'est le devoir de la créature douée de raison, car sans la paix, elle tombe au-dessous de la brute; mais, ô mystère! mystère pour tous, mystère pour vous comme pour moi, ce but, nous ne l'atteindrons jamais de nous-mêmes : car, quoi que vous en disiez, la nature entière ne suffit pas pour donner la paix à une âme.

Ainsi, quand vous m'auriez forcé à tomber avec vous d'accord de toutes vos audacieuses assertions, vous n'auriez fait que me fournir de nouvelles preuves de la nécessité d'un médecin des âmes, d'un Rédempteur pour remédier aux inévitables hallucinations d'une créature si perverse qu'elle enfante incessamment, inévitablement en elle-même la lutte et la contradiction, et que de sa nature elle fuit le repos dont elle ne peut se passer, répandant au nom de la paix la guerre autour d'elle, avec l'illusion, le désordre et le malheur.

Or, la nécessité du Rédempteur une fois reconnue, vous me pardonnerez si j'aime mieux m'adresser à Jésus-Christ qu'à vous!!...

Ici nous touchons à la racine du mal! Il

faut que l'orgueil de l'esprit s'abaisse, et que la raison reconnaisse son insuffisance. La source du raisonnement tarie, celle du sentiment coule à flots; l'âme redevient puissante dès qu'elle avoue son impuissance; elle ne commande plus, elle prie, et l'homme avance vers son but en tombant à genoux.

Mais quand tous seront abattus, quand tous baiseront la poussière, qui restera debout sur la terre? quel pouvoir subsistera sur les cendres du monde?..... Ce qui subsistera, c'est un pontife dans une Église.....

Si cette Église, fille du Christ et mère du christianisme, a vu la révolte sortir de son sein, la faute en fut à ses prêtres: car ses prêtres étaient des hommes. Mais elle retrouvera son unité, parce que ces hommes tout caducs qu'ils sont n'en sont pas moins les successeurs directs des apôtres, ordonnés d'âge en âge par des évêques qui reçurent eux-mêmes d'évêque en évêque sous l'imposition des mains, en remontant jusqu'à saint Pierre et Jésus-Christ, l'infusion de l'Esprit saint avec l'autorité nécessaire pour communiquer cette grâce au monde régénéré.

Supposez..... tout n'est-il pas possible à Dieu..... Supposez que le genre humain veuille devenir sérieusement chrétien, ira-t-il redemander le christianisme à un livre? non, il le demandera à des hommes qui lui expliqueront ce livre. Il faut donc toujours une autorité, même aux prédicateurs d'indépendance, et celle qu'on choisit arbitrairement ne vaut pas celle qu'on trouve établie depuis dix-huit siècles.

Croyez-vous que l'Empereur de Russie soit un meilleur chef visible de l'Église que l'évêque de Rome? Les Russes devraient le croire; mais le croient-ils? Croyez-vous qu'ils le croient? Telle est pourtant la vérité religieuse qu'ils prêchent aujourd'hui aux Polonais!

Vous piquerez-vous de conséquence, et rejetterez-vous opiniâtrément toute autre autorité que celle de la raison individuelle ? vous perpétuez la guerre parce que le gouvernement de la raison nourrit l'orgueil, et que l'orgueil engendre la division. Ah! les chrétiens ne savent pas de quel trésor ils se sont volontairement privés le jour où ils avisèrent qu'on pourrait avoir des églises nationales!.... Si toutes les églises du monde étaient devenues nationales, c'est-à-dire protestantes ou schismatiques, il n'y aurait plus aujourd'hui de christianisme : il n'y aurait que des systèmes de théologie soumis à la politique humaine qui les modifierait à son gré, selon les circonstances et selon les localités.

Je me résume : je suis chrétien, parce que les destinées de l'homme ne s'accomplissent pas sur la terre : je suis catholique, parce que hors de l'Église catholique, le christianisme s'altère et périt.

AVANT-PROPOS.

Après avoir parcouru la plus grande partie du monde civilisé, après m'être appliqué de toutes mes forces pendant ces diverses courses à découvrir quelques-uns des ressorts cachés dont le jeu fait la vie des Empires; voici, selon mes observations attentives, l'avenir que nous pouvons présager au monde.

Du point de vue humain : l'universelle dispersion des esprits par le mépris de la seule autorité légitime en matière de foi : c'est-à-dire l'abolition du christianisme, non comme système de morale et de philosophie, mais comme religion..... et ce point suffit à la force de mon argument. Du point de vue surnaturel : le triomphe du christianisme par la réunion de toutes les églises dans l'Église mère, dans cette Église ébranlée, mais indestructible, et dont chaque siècle élargit les portes pour y faire rentrer tout ce qui en est sorti. Il faut que l'univers redevienne païen ou catholique : païen d'un paganisme plus ou moins raffiné, avec la nature pour temple, les sens pour ministre du culte, et la raison pour idole; ou catholique avec des prêtres, dont un certain nombre au moins mette sincèrement en pratique, avant de le prêcher, le précepte de leur maître : « Mon royaume n'est pas de ce monde. »

Voilà le dilemme dont l'esprit humain ne sortira plus. Hors de là, il n'y a d'un côté que fourbe, de l'autre qu'illusion [1].

Ce résultat m'est apparu depuis que je pense; cependant les idées du siècle étaient si loin de mes idées, que je manquais non de foi, mais de hardiesse; j'éprouvais toute l'impuis-

---

[1] La suprématie du pontife romain, présidant aux droits et aux décrets de l'Église, assure la perpétuité de la foi; voilà pourquoi le vicaire de Jésus-Christ restera souverain temporel tant que les chrétiens n'auront pas trouvé un autre moyen de lui garantir l'indépendance. C'est à lui d'user des grandeurs sans en abuser; devoir chrétien que les malheurs de l'Église ne lui ont que trop enseigné. Le faible et tout pacifique pouvoir que la politique a laissé au représentant de Dieu sur la terre

sance de l'isolement; je n'ai cessé néanmoins de protester de toutes mes forces en faveur de ma croyance. Mais aujourd'hui qu'elle est devenue populaire dans une partie de la chrétienté, aujourd'hui que les grands intérêts qui agitent le monde sont ceux qui m'ont toujours fait battre le cœur, aujourd'hui enfin que l'avenir, l'avenir prochain de l'Europe est gros du problème dont je n'ai cessé de chercher la solution dans mon obscurité; je reconnais que j'ai ma place en ce monde, je me sens appuyé, si ce n'est dans mon pays encore épris de cette philosophie de destruction, philosophie étroite, arriérée qui retient une grande partie de la France actuelle hors de

---

n'est plus aujourd'hui pour ce prêtre le chef de tous les prêtres, qu'un moyen de donner au monde l'exemple unique des vertus de l'apôtre, pratiquées sur le trône; et ce qui lui rendra possible cet effort surnaturel, c'est le sentiment de sa dignité. Il sait qu'il est nécessaire à l'Église et que l'Église est nécessaire à l'accomplissement des vues de Dieu sur le genre humain; cette conviction suffirait pour élever un homme ordinaire au-dessus de l'humanité.

la mêlée des grands intérêts humains : au moins dans l'Europe chrétienne. C'est cet appui qui m'a autorisé à définir plus nettement mes idées dans plusieurs parties de cet ouvrage, et à en tirer les dernières conséquences.

Partout où j'ai posé le pied sur la terre, depuis Maroc jusqu'aux frontières de la Sibérie, j'ai senti couver le feu des guerres religieuses; non plus peut-être, nous devons l'espérer, de la guerre à main armée, la moins décisive de toutes, mais de la guerre des idées..... Dieu seul sait le secret des événements, mais tout homme qui observe et qui réfléchit peut prévoir quelques-unes des questions qui seront résolues par l'avenir : ces questions sont toutes religieuses. De l'attitude que la France saura prendre dans le monde comme puissance catholique dépendra son influence politique. A mesure que les esprits révolutionnaires s'éloignent d'elle, les cœurs catholiques s'en rapprochent. En ceci, la force des choses domine tellement les hommes, qu'un Roi, souverainement tolérant, et un ministre protestant sont devenus dans le monde entier les défenseurs les plus zélés du catholicisme, uniquement parce qu'ils sont Français.

Tels furent les constants objets de mes méditations et de ma sollicitude pendant le long pèlerinage dont on va lire le récit, récit varié comme la vie errante du voyageur, mais où perce toujours l'amour de la patrie combiné avec des idées plus générales.

Toutefois, à combien de controverses ne sont-elles pas sujettes ces idées qui agitent aujourd'hui le monde, longtemps engourdi dans une civilisation trop matérielle?

Reconnaître la divinité de Jésus-Christ, c'est beaucoup sans doute, c'est plus que ne font la plupart des protestants; néanmoins ce n'est pas encore être enfanté au christianisme. Les païens ne voulaient-ils pas élever des temples à celui qui était venu pour démolir leurs temples?..... Lorsqu'ils proposaient aux apôtres de mettre Jésus-Christ au nombre de leurs dieux, étaient-ils chrétiens pour cela?

Un chrétien est un membre de l'Église de Jésus-Christ. Or, cette Église exclusive est une; elle a son chef visible, et elle s'enquiert de la foi de chaque homme autant que de ses actes, parce qu'elle gouverne par l'esprit.

Cette Église déplore l'étrange abus qu'on a fait de nos jours du mot tolérance chrétienne au profit de l'indifférence philosophique. Faire de la tolérance un **dogme**, et substituer ce dogme humain à tous les dogmes divins, c'est détruire la religion sous prétexte de la rendre aimable. Du point de vue de l'Église catholique, pratiquer la vertu de tolérance, ce n'est pas transiger sur les principes; c'est protester contre la violence, et mettre la prière, la patience, la douceur et la persuasion au service de l'éternelle vérité ; telle n'est pas la tolérance moderne! Ce *credo* de l'indifférence, devenu pendant plus d'un siècle la base de la nouvelle théologie, perd de ses droits à l'estime des chrétiens, en proportion de la puissance qu'il ôte à la foi ; la vraie tolérance, la tolérance renfermée dans les limites de la piété, n'est pas l'état normal de l'âme, c'est le remède qu'une religion charitable et qu'une sage politique opposent aux maladies de l'esprit.

Que veut-on dire encore par cette qualification dernièrement inventée : le *néocatholicisme ?* Le catholicisme ne peut être nouveau sans cesser d'être.

Il peut exister, il existe sans doute un grand nombre d'esprits, las de se laisser pousser à tous vents de doctrines, et qui se réfugient à l'abri du sanctuaire contre la tourmente des idées du siècle; on peut donner à ces nouveaux convertis le nom de néocatholiques; mais on ne saurait parler de néocatholicisme sans méconnaître l'essence même de la religion, car ce mot implique contradiction.

Rien de moins ambigu que notre foi; ce n'est pas un système de philosophie dont chacun peut prendre ou rejeter ce qu'il lui plaît. On est catholique tout à fait, ou on ne l'est pas du tout; on ne saurait l'être à moitié, ni d'une manière nouvelle. Un néocatholicisme serait une secte déguisée qui abjurerait bientôt l'erreur pour rentrer dans le sein de l'Église, sous peine de se voir condamnée par celle-ci, préoccupée qu'elle est à juste titre de la nécessité de conserver la pureté de la foi, bien plus que de l'ambition de grossir en apparence le nombre douteux de ses équivoques enfants. Quand le monde adoptera le christianisme sincèrement, il saura bien le prendre où il est. L'essentiel, c'est que le dépôt sacré reste pur d'alliage.

Néanmoins l'Église catholique peut se réformer quant aux mœurs, à la discipline du clergé, et même quant à la doctrine, sur les points qui ne touchent pas au fondement de la foi; que dis-je? son histoire, sa vie n'est qu'une réforme perpétuelle; mais cette réforme légitime et non interrompue, ne saurait s'opérer que sous la direction de l'autorité ecclésiastique et selon les lois canoniques.

Plus j'ai parcouru le monde, plus j'ai observé les races diverses et les divers États, et plus je me suis convaincu que la vérité est immuable : elle fut défendue avec barbarie par des hommes barbares dans des siècles barbares; elle sera défendue avec plus d'humanité dans l'avenir; mais sa pureté ne saurait être altérée ni par le prisme de l'erreur, dont ses adversaires sont éblouis, ni par les crimes de ses champions.

Je voudrais envoyer en Russie tous les chrétiens non catholiques pour leur montrer ce que peut devenir notre religion enseignée dans une église *nationale*, pratiquée sous la discipline d'un clergé *national*.

Le spectacle de l'avilissement où peut tomber le sacerdoce dans un pays où l'Église ne relève que de l'État, ferait reculer tout protestant conséquent. Une église nationale, un clergé national : ces mots ne devraient jamais s'allier; l'Église est par essence supérieure à toute société humaine; quitter l'Église universelle pour entrer dans une église politique quelconque, c'est donc plus qu'errer dans la foi, c'est renier la foi, c'est retomber du ciel sur la terre.

Cependant combien d'hommes honnêtes, d'hommes excellents, à l'origine du protestantisme, ont cru purifier leur croyance en adoptant les nouvelles doctrines, et n'ont fait que se rétrécir l'esprit!.... Depuis lors l'indifférence glorifiée et masquée sous le beau nom de tolérance, a perpétué l'erreur.....

Ce qui fait de la Russie l'État le plus curieux du monde à observer aujourd'hui, c'est qu'on y trouve en présence l'extrême barbarie favorisée par l'asservissement de l'Église et l'extrême civilisation importée des pays étrangers par un gouvernement éclectique. Pour savoir comment le repos ou du moins l'immobilité peut naître du choc d'éléments si divers, il faut suivre le voyageur jusque dans le cœur de ce singulier pays.

Le procédé que j'emploie pour peindre les lieux et pour définir les caractères me paraît, sinon le plus favorable à l'écrivain, du moins le plus rassurant pour le lecteur, que je force à me suivre, et que je rends lui-même juge du développement des idées suggérées au voyageur.

J'arrive dans un pays nouveau sans autres préventions que celles dont nul homme ne peut se défendre : celles que nous donne l'étude consciencieuse de son histoire. J'examine les objets, j'observe les faits et les personnes en permettant ingénument à l'expérience journalière de modifier mes opinions. Peu d'idées exclusives en politique me gênent dans ce travail spontané où la religion seule est ma règle immuable; encore cette règle peut-elle être rejetée par le lecteur sans que le récit des faits et les conséquences morales qui en découlent soient entraînés dans la réprobation que j'encours et que je veux encourir aux yeux des incrédules.

On pourra m'accuser d'avoir des préjugés, on ne me reprochera jamais de déguiser sciemment la vérité.

Quand je décris ce que j'ai vu, je suis sur les lieux; quand je raconte ce que j'ai entendu, c'est le soir même que je note mes souvenirs du jour. Ainsi, les conversations de l'Empereur, reproduites mot à mot dans mes lettres, ne peuvent manquer d'un genre d'intérêt : celui de l'exactitude. Elles serviront, je l'espère, à faire bien connaître ce prince si diversement jugé parmi nous et dans le reste de l'Europe.

Les lettres qu'on va lire ne furent pas toutes destinées au public, plusieurs parmi les premières étaient de pures confidences; fatigué d'écrire, mais non de voyager, je comptais cette fois observer sans méthode, et garder mes descriptions pour mes amis; on verra, dans le cours de l'ouvrage, les raisons qui m'ont décidé à tout imprimer.

La principale, c'est que j'ai senti chaque jour mes idées se modifier par l'examen auquel je soumettais une société absolument nouvelle pour moi. Il me semblait qu'en disant la vérité sur la Russie, je ferais une chose neuve et hardie : jusqu'à présent la peur et l'intérêt ont dicté des éloges exagérés; la haine a fait publier des calomnies : je ne crains ni l'un ni l'autre écueil.

J'allais en Russie pour y chercher des arguments contre le gouvernement représentatif, j'en reviens partisan des constitutions. Le gouvernement mixte n'est pas le plus favorable à l'action; mais dans leur vieillesse, les peuples ont moins besoin d'agir; ce gouvernement est celui qui aide le plus à la production, et qui procure aux hommes le plus de bien-être et de richesses; il est surtout celui qui donne le plus d'activité à la pensée dans la sphère des idées pratiques : enfin il rend le citoyen indépendant, non par l'élévation des sentiments, mais par l'action des lois : certes, voilà de grandes compensations à de grands désavantages.

A mesure que j'ai appris à connaître le terrible et singulier gouvernement, régularisé, pour ne pas dire fondé par Pierre Ier, j'ai mieux compris l'importance de la mission que le hasard m'avait confiée.

L'extrême curiosité que mon travail inspirait aux Russes, évidemment inquiets de la réserve de mes discours, m'a fait penser d'abord que j'avais plus de puissance que je ne m'en étais attribué; je devins attentif et prudent, car je ne tardai pas à découvrir le danger auquel pourrait m'exposer ma sincérité. N'osant envoyer mes lettres par la poste, je les conservai toutes, et les tins cachées avec un soin extrême, comme des papiers suspects; par ce moyen, à mon retour en France, mon voyage était écrit, et il se trouvait tout entier dans mes mains. Cependant j'ai hésité trois années à le faire paraître : c'est le temps qu'il m'a fallu pour accorder, dans le secret de ma conscience, ce que je croyais devoir à la reconnaissance et à la vérité!!! Celle-ci l'emporte enfin parce qu'elle me paraît de nature à intéresser mon pays. Je ne puis oublier que j'écris pour la France avant tout, et je crois de mon devoir de lui révéler des faits utiles et graves.

Je me regarde comme le maître de juger,

même sévèrement, si ma conscience l'exige, un pays où j'ai des amis, d'analyser sans tomber dans d'offensantes personnalités le caractère des hommes publics, de citer les paroles des personnes politiques, à commencer par celles du plus grand personnage de l'État, de raconter leurs actions, et de pousser jusqu'à leurs dernières conséquences les réflexions que cet examen peut me suggérer, pourvu toutefois qu'en suivant capricieusement le cours de mes idées, je ne donne aux autres mes opinions que tout juste pour la valeur qu'elles ont à mes propres yeux : voilà ce me semble ce qu'on peut appeler la probité de l'écrivain.

Mais en cédant au devoir, j'ai respecté, je l'espère du moins, toutes les convenances ; car je prétends qu'il y a une manière convenable de dire des vérités dures : cette manière consiste à ne parler que d'après sa conviction en repoussant les suggestions de la vanité.

Au surplus, ayant beaucoup admiré en Russie, j'ai dû mêler beaucoup de louanges à mes descriptions.

Les Russes ne seront pas satisfaits; l'amour-propre l'est-il jamais? Cependant personne n'a été plus frappé que moi de la grandeur de leur nation et de son importance politique. Les hautes destinées de ce peuple, le dernier venu sur le vieux théâtre du monde, m'ont préoccupé tout le temps de mon séjour chez lui. Les Russes en masse m'ont paru grands jusque dans leurs vices les plus choquants; isolés, ils m'ont paru aimables; j'ai trouvé au peuple un caractère intéressant : ces vérités flatteuses devraient suffire ce me semble pour en compenser d'autres moins agréables. Mais jusqu'ici les Russes ont été traités en enfants gâtés par la plupart des voyageurs.

Si les discordances qu'on ne peut s'empêcher de remarquer dans leur société actuelle, si l'esprit de leur gouvernement, essentiellement opposé à mes idées et à mes habitudes, m'ont arraché des reproches, et comme des cris d'indignation, mes éloges, également involontaires, n'en ont que plus de portée.

Mais ces hommes de l'Orient, habitués qu'ils sont à respirer et à dispenser l'encens le plus direct, se tenant toujours pour croyables quand ils se louent les uns les autres, ne seront sensibles qu'au blâme. Toute désapprobation leur paraît une trahison; ils qualifient de mensonge toute vérité dure; ils ne verront pas ce qu'il y a de délicate admiration sous mes critiques apparentes, de regret, et à certains égards, de sympathie sous mes remarques les plus sévères.

S'ils ne m'ont pas converti à leurs religions (ils en ont plusieurs, et chez eux la religion politique n'est pas la moins intolérante), si, au contraire, ils ont modifié mes idées monarchiques, en sens opposé au despotisme et favorable au gouvernement représentatif, ils se trouveront offensés par cela seul que je ne suis pas de leur avis. C'est un regret pour moi, mais je préfère le regret au remords.

Si je n'étais résigné à leur injustice, je n'imprimerais pas ces lettres. Au surplus, ils peuvent se plaindre de moi en paroles, mais ils m'absoudront dans leur conscience; ce témoignage me suffit. Tout Russe de bonne foi conviendra que si j'ai commis des erreurs de détail faute de temps pour rectifier mes illusions, j'ai peint en général la Russie comme elle est. Ils me tiendront compte des difficultés que j'avais à vaincre, et me féliciteront du bonheur et de la promptitude avec lesquels j'ai pu saisir les traits avantageux de leur caractère primitif sous le masque politique qui le défigure depuis tant de siècles.

Les faits dont je fus témoin sont rapportés par moi comme ils se sont passés sous mes yeux; ceux qu'on m'a racontés sont reproduits tels que je les ai recueillis; je n'ai point essayé de tromper le lecteur en me substituant aux personnes que j'ai consultées. Si je me suis abstenu, non-seulement de nommer celles-ci, mais de les désigner en aucune façon, ma discrétion sera sans doute appréciée; elle est une garantie de plus du degré de confiance que méritent les esprits éclairés auxquels j'ai cru pouvoir m'adresser pour m'éclaircir de certains faits qu'il m'était impossible d'observer par moi-même. Il est superflu d'ajouter que je n'ai cité que ceux auxquels le caractère et la position des hommes de qui je les tiens donnaient à mes yeux un cachet incontestable d'authenticité.

Grâce à ma bonne foi scrupuleuse, le lecteur pourra juger par lui-même du degré d'autorité qu'il doit attribuer à ces faits secondaires, qui d'ailleurs n'occupent qu'une très-petite place dans mes narrations.

LA RUSSIE

EN 1839.

SOMMAIRE DE LA LETTRE PREMIÈRE.

Arrivée du grand-duc héréditaire de Russie à Ems. — Caractère particulier des courtisans russes. — Différence de leurs manières quand le maître est présent ou absent. — Portrait du grand-duc. — Sa physionomie, son air souffrant. — Son père et son oncle au même âge. — Ses voitures. — Équipages négligés. — Mauvaise tenue des domestiques. — Supériorité de l'Angleterre dans les choses matérielles. — Soleil couchant sur le Rhin. — Le fleuve plus beau que ses bords. — Chaleur excessive.

LA RUSSIE
EN 1839.

LETTRE PREMIÈRE A ***.

Ems, ce 5 juin 1839.

J'ai commencé hier mon voyage en Russie : le grand-duc héréditaire est arrivé à Ems, précédé de dix ou douze voitures et suivi d'une cour nombreuse.

Ce qui m'a frappé dès le premier abord, en voyant les courtisans russes à l'œuvre, c'est qu'ils font leur métier de grands seigneurs avec une soumission extraordinaire ; c'est une espèce d'esclaves supérieurs. Mais aussitôt que le prince a disparu, ils reprennent un ton dégagé, des manières décidées, des airs délibérés, qui contrastent d'une façon peu agréable avec la complète abnégation d'eux-mêmes qu'ils affectaient l'instant d'auparavant; en un mot il régnait dans toute cette suite de l'héritier du trône impérial une habitude de domesticité dont les maîtres n'étaient pas plus exempts que les valets. Ce n'était pas simplement de l'étiquette, comme celle qui gouverne les autres cours où le respect officiel, l'importance de la charge plus que celle de la personne, le rôle obligé enfin, produisent l'ennui et quelquefois le ridicule; c'était plus que cela; c'était de la servilité gratuite et involontaire qui n'excluait pas l'arrogance; il me semblait leur entendre dire: « Puisque cela ne peut pas être autrement, j'en suis bien aise. » Ce mélange d'orgueil et d'humiliation m'a déplu et ne m'a nullement prévenu en faveur du pays que je vais parcourir.

Je me suis trouvé parmi la foule des curieux, à côté du grand-duc, au moment où il descendait de voiture; avant d'entrer il s'est arrêté longtemps à la porte de la maison des bains, pour causer en public avec une dame russe, la comtesse **; j'ai donc pu l'examiner à loisir. Il a vingt ans et c'est l'âge qu'on lui donnerait : sa taille est élevée, mais il m'a paru un peu gros pour un aussi jeune homme; ses traits seraient beaux sans la bouffissure de son visage qui en efface la physionomie; sa figure ronde est plutôt allemande que russe; elle fait penser à ce qu'a dû être l'empereur Alexandre au même âge, sans cependant rappeler en aucune façon le type kalmouck. Ce visage passera par bien des phases avant d'avoir pris son caractère définitif; l'humeur habituelle qu'il dénote aujourd'hui est douce et bienveillante; pourtant il y a entre le jeune sourire des yeux et la contraction constante de la bouche, une discordance qui annonce peu de franchise, et peut-être quelque souffrance intérieure. Le chagrin de la jeunesse, de cet âge où le bonheur est dû à l'homme, est un secret d'autant mieux gardé qu'il est un mystère inexplicable même pour celui qui l'éprouve. L'expression du regard de ce jeune prince est la bonté, sa démarche est gracieuse, légère et noble, c'est vraiment un prince; il a l'air modeste, sans timidité, ce dont on lui sait gré; l'embarras des grands est si gênant pour tout le monde, que leur aisance nous paraît de l'affabilité; c'en est réellement. Quand ils se croient des pagodes, ils sont gênés par l'opinion qu'ils ont d'eux-mêmes et qu'ils n'espèrent pas faire partager aux autres.

Cette sotte inquiétude n'atteint point le grand-duc, sa présence fait avant tout l'impression d'un homme parfaitement bien élevé ; s'il règne jamais, c'est par l'attrait inhérent à la grâce qu'il se fera obéir, ce n'est pas par la terreur, à moins que les nécessités attachées à la charge d'empereur de Russie ne changent son naturel en changeant sa position.

(Suite de la lettre précédente.)

Le lendemain 6 juin au soir.

J'ai revu le grand-duc héritier, je l'ai examiné plus longtemps, et de fort près ; il avait quitté son uniforme qui le serre, et lui donne l'air gonflé ; l'habit ordinaire lui va mieux, ce me semble : il a une tournure agréable, une démarche noble sans aucune roideur militaire, et l'espèce de grâce qui le distingue rappelle le charme particulier attaché à la race slave. Ce n'est pas la vivacité de passion des pays chauds, ce n'est pas non plus la froideur impassible des hommes du Nord ; c'est un mélange de la simplicité, de la facilité méridionales et de la mélancolie scandinave. Les Slaves sont des Arabes blonds ; le grand-duc est plus qu'à moitié allemand ; mais en Mecklembourg ainsi que dans quelques parties du Holstein et de la Russie, il y a des Allemands slaves.

Le visage de ce prince, malgré sa jeunesse, n'a pas autant d'agrément que sa taille; son teint n'est plus frais[1] : on voit qu'il souffre, sa paupière s'abaisse sur le coin extérieur de l'œil avec une mélancolie qui trahit déjà les soucis d'un âge plus avancé, sa bouche gracieuse n'est pas sans douceur, son profil grec rappelle les médailles antiques ou les portraits de l'impératrice Catherine ; mais à travers l'air de bonté que donnent presque toujours la beauté, la jeunesse et surtout le sang allemand, on ne peut s'empêcher de reconnaître ici une puissance de dissimulation qui fait peur dans un très-jeune homme. Ce trait est sans doute le sceau du destin, il me fait croire que ce prince est appelé à monter sur le trône. Il a le son de voix mélodieux, ce qui est rare dans sa famille; c'est un don qu'il a reçu, dit-on, de sa mère.

Il brille au milieu des jeunes gens de sa société, sans qu'on sache à quoi tient la distance qu'on remarque entre eux, si ce n'est à la grâce parfaite de sa personne. La grâce dénote toujours une aimable

---

[1] Le grand-duc héritier avait été malade quelque temps avant l'époque de son arrivée à Ems.

disposition d'esprit : il y a tant d'âme dans la démarche, dans l'expression de la physionomie, dans les attitudes d'un homme !.... Celui-ci est à la fois imposant et agréable. Les Russes voyageurs m'avaient annoncé sa beauté comme un phénomène : sans cette exagération j'en aurais été plus frappé ; d'ailleurs je me rappelais l'air romanesque, la figure d'archange de son père et de son oncle, le grand-duc Michel, en 1815, lorsqu'ils vinrent à Paris, où on les avait surnommés les aurores boréales : et je suis devenu sévère parce que j'avais été trompé. Tel qu'il est, le grand-duc de Russie me paraît encore un des plus beaux modèles de prince que j'aie jamais rencontré.

J'ai été frappé du peu d'élégance de ses voitures, du désordre de ses bagages et de la tenue négligée des gens de service qui l'accompagnent. Quand on compare ce cortége impérial à la magnifique simplicité des voitures anglaises, et au soin particulier que les domestiques anglais ont de toutes choses, on voit qu'il ne suffit pas de faire faire ses équipages chez des selliers de Londres, pour atteindre à la perfection matérielle qui assure la prépondérance de l'Angleterre dans un siècle positif comme le nôtre.

Hier j'ai été voir coucher le soleil sur le Rhin : c'est un grand spectacle. Ce que je trouve de plus beau dans ce pays, trop fameux pourtant, ce ne sont pas les bords du fleuve avec leurs ruines monotones, avec leurs vignobles arides, et qui, pour le plaisir des yeux, prennent trop de place dans le paysage; j'ai trouvé ailleurs des rives plus imposantes, plus variées, plus riantes; de plus belles forêts, une végétation plus forte, des sites plus pittoresques, plus étonnants; mais ce qui me paraît merveilleux, c'est le fleuve même, surtout contemplé du bord. Cette glace immense glissant d'un mouvement toujours égal à travers le pays qu'elle éclaire, reflète et vivifie, me révèle une puissance de création qui confond mon intelligence. En mesurant ce mouvement, je me compare au médecin interrogeant le pouls d'un homme pour connaître sa force : les fleuves sont les artères de notre planète, et devant cette manifestation de la vie universelle, je demeure frappé d'admiration; je me sens en présence de mon maître : je vois l'éternité, je crois, je touche à l'infini; il y a là un mystère sublime; dans la nature, ce que je ne comprends plus, je l'admire, et mon ignorance se réfugie dans l'adoration. Voilà pourquoi la science m'est moins nécessaire qu'aux esprits mécontents.

Nous mourons de chaud à la lettre : il y a bien des années que l'air toujours étouffant de la vallée d'Ems n'est monté à cette température ; la nuit dernière, en revenant des bords du Rhin, j'ai vu dans les bois une pluie de mouches lumineuses ; c'était mes chers *luccioli* d'Italie : je n'en avais jamais rencontré hors des pays chauds.

Je pars dans deux jours pour Berlin et Pétersbourg.

SOMMAIRE DE LA LETTRE DEUXIÈME.

Progrès de la civilisation matérielle en Allemagne. — Le protestantisme en Prusse. — La musique employée comme moyen d'éducation pour les paysans. — Le culte de l'art prépare l'âme au culte de Dieu. — La Prusse, auxiliaire de la Russie. — Rapport qui existe entre le caractère du peuple allemand et celui de Luther. — Le ministre de France en Prusse. — Correspondance de mon père, conservée dans les archives de la légation française à Berlin. — Mon père, à vingt-deux ans, nommé ministre de France près des cours de Brunswick et de Prusse en 1792. — M. de Ségur. — Le coup de couteau. — Indiscrétion de l'impératrice Catherine. — Autre anecdote curieuse et inconnue relative à la convention de Pilnitz. — Mon père remplace M. de Ségur. — Son succès dans cette cour. — On le presse d'abandonner la France. — Il y retourne malgré les dangers qu'il prévoit. — Il fait deux campagnes comme volontaire sous son père. — Lettres de M. de Noailles alors ambassadeur de France à Vienne. — Ma mère. — Sa conduite pendant le procès du général Custine, son beau-père. — Elle l'accompagne au tribunal. — Danger qu'elle y court. — Le perron du palais de justice. — Comment elle échappe au massacre. — Les deux mères. — Mort du général. — Son courage religieux. — La Reine le remplace à la Conciergerie. — Souvenirs de Versailles au pied de l'échafaud. — Mon père publie une justification de la conduite du général. — On l'arrête. — Ma mère prépare l'évasion de son mari. — Dévouement de la fille du concierge. — Héroïsme du prisonnier. — Un journal. — Scène tragique dans la prison. — Mon père, martyr d'humanité. — Dernière entrevue dans une salle de la Conciergerie. — Incident bizarre. — Premières impressions de mon enfance. — Le gouverneur de mon père frappé d'apoplexie en lisant dans un journal la mort de son élève.

LETTRE DEUXIÈME.

Berlin, ce 23 juin 1839.

On doit le dire à la honte de l'homme, il existe pour les peuples une béatitude toute matérielle : c'est celle dont jouit maintenant l'Allemagne et particulièrement la Prusse. Grâce à ses routes magnifiquement entretenues, à son système de douanes, à son excellente administration, ce pays, le berceau du protestantisme, nous devance aujourd'hui sur la route de la civilisation physique; c'est une espèce de religion sensuelle, qui a fait son Dieu de l'humanité. Il n'est que trop vrai que les gouvernements modernes favorisent ce matérialisme raffiné, dernière conséquence de la réformation religieuse du xvi° siècle. Réduisant leur action à exploiter le bonheur terrestre, ils semblent se proposer pour but unique de prouver au monde que l'idée divine n'est point nécessaire au bien-être d'une nation. Ce sont des vieillards qui se contentent de vivre [1].

---

[1] Trois années écoulées et un changement de règne, ont déjà enlevé à cette remarque une grande partie de son à-propos.

Néanmoins la sagesse et l'économie qui président à l'administration de ce pays, sont pour les Prussiens un juste sujet d'orgueil. Leurs écoles rurales sont dirigées consciencieusement et très-exactement surveillées. On emploie dans chaque village, la musique, comme moyen de civilisation et en même temps de divertissement pour le peuple : il n'y a pas une église qui ne possède un orgue, et dans chaque paroisse, le maître d'école sait la musique. Le dimanche, il enseigne le chant aux paysans qu'il accompagne sur l'orgue ; ainsi, le moindre village peut entendre exécuter les chefs-d'œuvre de la vieille école religieuse italienne et allemande. Il n'est pas de morceau de chant ancien et sévère, qui soit écrit à plus de quatre parties : quel est le magister qui ne pourra trouver autour de lui, une basse, un ténor et deux enfants, premier et second dessus, pour chanter ces morceaux ? Chaque maître d'école, en Prusse, est un Choron, un Wilhem champêtre [1]. Ce concert rural entretient le goût de la musique, balance l'attrait du cabaret et prépare l'imagination des peuples à recevoir

---

[1] Ne se trouvera-t-il pas en France un certain nombre d'hommes qui se consacreraient à reproduire chez nous cette salutaire institution fondée depuis longtemps en Prusse ?

l'enseignement religieux. Celui-ci est dégénéré chez les protestants en un cours de morale pratique : mais le temps n'est pas loin où la religion reprendra ses droits; la créature douée d'immortalité ne se contentera pas toujours de l'empire de la terre, et les populations les plus aptes à goûter les plaisirs de l'art, seront aussi les premières à comprendre les nouvelles preuves des révélations du ciel. Il est donc juste de convenir que le gouvernement prussien prépare dignement ses sujets à jouer un rôle dans la rénovation religieuse qui s'avance, et qui déjà s'annonce au monde par des signes irrécusables.

La Prusse sentira bientôt l'insuffisance de ses philosophies pour donner la paix aux âmes. En attendant ce glorieux avenir, la ville de Berlin appartient aujourd'hui au pays le moins philosophique du monde, à la Russie; et cependant les peuples de l'Allemagne, séduits par une administration habile, tournent leurs regards vers la Prusse. Ils croient que c'est de ce côté que leur viendront les institutions libérales que beaucoup d'hommes confondent encore avec les conquêtes de l'industrie, comme si luxe et liberté, richesse et indépendance étaient synonymes !

Le défaut capital du peuple allemand, personnifié dans Luther, c'est le penchant aux jouissances physiques · de notre temps, rien ne combat ce penchant et tout contribue à 'accroître. Ainsi, sacrifiant sa liberté, son indépendance à l'aride espoir d'un bien-être tout matériel, la nation allemande, enchaînée par une politique de sensualité et par une religion de raisonnement, manque à ses devoirs envers elle-même et envers le monde. Chaque peuple, comme chaque individu, a sa vocation : si l'Allemagne oublie la sienne, la faute en est surtout à la Prusse, qui est l'ancien foyer de cette philosophie inconséquente, appelée, par courtoisie, une religion.

La France est aujourd'hui représentée en Prusse par un ministre qui satisfait parfaitement à tout ce qu'on exige d'un homme en place dans le temps où nous vivons. Nul air mystérieux, nul silence affecté, nulle réticence inutile ne trahissent l'opinion qu'il se fait de son importance. On ne se souvient du poste qu'il occupe, que parce qu'on lui reconnaît le mérite nécessaire pour en remplir les devoirs. Devinant avec un tact très-fin les besoins et les tendances des sociétés modernes, il marche tranquillement au devant de l'avenir sans dédaigner les enseignements du passé; enfin il est du petit nombre de ces hommes d'autrefois devenus nécessaires aujourd'hui.

Originaire de la même province que moi, il m'a donné d'abord sur l'histoire de ma famille des détails curieux et que j'ignorais; de plus, je lui ai dû un grand plaisir de cœur; je l'avoue sans détour, car on ne peut attribuer à l'orgueil la religieuse admiration que nous éprouvons pour l'héroïsme de nos pères.

Je vous décrirai avec exactitude tout ce que j'ai senti dans cette occasion; mais laissez-moi d'abord vous y préparer comme j'y ai été préparé moi-même.

Je savais qu'il existe dans les archives de la légation française à Berlin, des lettres et des notes diplomatiques d'un grand intérêt pour tout le monde, et surtout pour moi : elles sont de mon père.

En 1792, à vingt-deux ans qu'il avait alors, il fut choisi par les ministres de Louis XVI, roi constitutionnel depuis un an, pour remplir auprès du duc de Brunswick une mission importante et délicate. Il s'agissait de décider le duc à refuser le commandement de l'armée coalisée contre la France. On espérait avec raison que les crises de notre révolution deviendraient moins périlleuses pour le pays et pour le roi, si les étrangers ne s'efforçaient pas d'en contrarier violemment la marche.

Mon père arriva trop tard à Brunswick ; le duc avait donné sa parole. Cependant la confiance qu'inspiraient en France le caractère et l'habileté du jeune Custine était telle, qu'au lieu de le rappeler à Paris, on l'envoya encore tenter auprès de la cour de Prusse de nouveaux efforts pour détacher le roi Guillaume II de la même coalition, dont le duc de Brunswick avait déjà promis de commander les armées.

Peu de temps avant l'arrivée de mon père à Berlin, M. de Ségur, alors ambassadeur de France en Prusse, avait déjà échoué dans cette négociation difficile. Mon père fut chargé de le remplacer.

Le roi Guillaume avait traité mal M. de Ségur, si mal qu'un jour celui-ci rentra chez lui exaspéré ; et croyant sa réputation d'homme habile à jamais compromise, il essaya de se tuer d'un coup de couteau ; la lame ne pénétra pas fort avant, mais M. de Ségur quitta la Prusse.

Cet événement mit en défaut la sagacité de toutes les têtes politiques de l'Europe ; rien ne put expliquer à cette époque l'extrême malveillance du roi pour un homme aussi distingué par sa naissance que par son esprit.

LETTRE DEUXIÈME.

J'ai su de très-bonne part une anecdote qui jette quelque lumière sur ce fait, encore obscur; la voici : M. de Ségur, lors de sa grande faveur auprès de l'Impératrice Catherine, s'était souvent amusé à tourner en ridicule le neveu du grand Frédéric, devenu roi plus tard, sous le nom de Frédéric, Guillaume II; il se moquait de ses amours, de sa personne même; et selon le goût du temps, il avait fait de ce prince et des personnes de sa société intime, des portraits satiriques qu'il envoya dans un billet du matin à l'Impératrice.

Après la mort du grand Frédéric, les circonstances politiques ayant subitement changé, la Czarine rechercha l'alliance de la Prusse, et pour décider plus promptement le nouveau roi à s'unir avec elle contre la France, elle lui envoya tout simplement le billet de M. de Ségur que Louis XVI venait de nommer ambassadeur à Berlin.

Un autre fait également curieux avait précédé l'arrivée de mon père à la cour de Prusse; il vous fera voir quelle sympathie excitait alors la révolution française dans le monde civilisé.

Le projet du traité de Pilnitz venait d'être arrêté; mais les puissances coalisées mettaient un grand prix à laisser ignorer le plus longtemps possible à la France les conditions de cette alliance. La minute du traité se trouvait déjà entre les mains du roi de Prusse, et aucun des agents français en Europe n'en avait encore eu connaissance.

Un soir, assez tard, M. de Ségur en rentrant chez lui à pied, croit remarquer qu'un inconnu, enveloppé d'un manteau, le suit d'assez près; il presse le pas, l'inconnu presse le pas; il traverse la rue, l'inconnu la traverse avec lui; il s'arrête, l'inconnu recule, mais s'arrête à quelque distance. M. de Ségur était sans armes: doublement inquiet de cette rencontre à cause de la malveillance personnelle dont il sait qu'il est l'objet, aussi bien que de la gravité des circonstances politiques, il se met à courir en approchant de sa maison; mais malgré toute sa diligence, il ne peut empêcher l'homme mystérieux d'arriver en même temps que lui à sa porte et de disparaître aussitôt en jetant sous ses pieds, au moment où cette porte s'ouvre, un rouleau de papiers assez gros. M. de Ségur, avant de ramasser l'écrit fait courir plusieurs de ses gens après l'inconnu; personne ne peut le retrouver.

Le rouleau de papier était le projet du traité de Pilnitz, copié mot à mot *dans le cabinet même du roi de Prusse;* et voilà comment la France, servie par des esprits secrètement convertis à ses doctrines nouvelles, reçut la première communication de cet acte devenu bientôt célèbre dans le monde entier.

Des circonstances plus fortes que le talent et que la volonté des hommes, devaient rendre inutiles les nouvelles tentatives de mon père auprès du cabinet de Berlin; mais malgré le peu de succès de ses négociations, il obtint l'estime et même l'amitié de toutes les personnes avec lesquelles les affaires le mirent en relation, sans excepter le roi et les ministres qui le dédommagèrent personnellement du peu de fruit de sa mission politique.

Le souvenir du tact parfait avec lequel mon père se tira des difficultés qui l'attendaient à Berlin, n'est pas encore effacé. Arrivant à la cour de Prusse comme ministre du gouvernement français d'alors, il y trouva sa belle-mère, madame de Sabran, réfugiée à cette même cour pour fuir ce même gouvernement français. La division des opinions se manifestait dans chaque maison, et la discorde qui menaçait les peuples, s'annonçait dans les familles par le trouble et la contradiction.

Quand mon père voulut retourner en France pour rendre compte de ses négociations, sa belle-mère se joignit à tous les amis qu'il avait à Berlin pour tenter de le détourner de ce dessein. Un M. de Kalkreuth, le neveu du fameux compagnon d'armes du prince Henri de Prusse, se jeta presqu'à ses pieds pour le retenir à Berlin, et pour l'engager, du moins, à attendre en sûreté dans l'émigration le temps où il pourrait de nouveau servir son pays. Il lui prédit tout ce qui allait lui arriver à son retour en France.

Les scènes du 10 août venaient d'épouvanter l'Europe. Louis XVI était emprisonné, le désordre se répandait partout; chaque jour quelques nouveaux discours changeaient à la tribune la face des affaires; dans l'intérieur de la France aussi bien que dans les pays étrangers, l'anarchie déliait de leurs obligations les hommes politiques employés par le gouvernement français. Ce gouvernement, lui disait-on, était sans autorité sur les peuples, sans respect pour lui-même, sans considération au dehors; en un mot, on ne négligea rien pour faire sentir à mon père que sa fidélité envers les hommes qui dirigeaient momentanément les affaires de notre pays était un héroïsme plutôt digne de blâme que d'admiration.

Mon père ne se laissait séduire par aucune subtilité de conscience; il se conduisit de manière à

LETTRE DEUXIÈME.

justifier l'ancienne devise de sa famille : « Faits ce que doys, adviegne que pourra. »

« J'ai été envoyé, répondait-il à ses amis, par ce gouvernement ; mon devoir est de retourner rendre compte de ma mission à ceux qui m'en ont chargé : je ferai mon devoir. »

Là-dessus mon père, Régulus ignoré d'un pays où l'héroïsme de la veille est étouffé par la gloire du jour et par l'ambition du lendemain, partit tranquillement pour la France où l'échafaud l'attendait.

Il y trouva d'abord les affaires dans un tel désordre, que, renonçant à la politique, il se rendit aussitôt à l'armée du Rhin, commandée par son père, le général Custine. Là, il fit avec honneur deux campagnes, comme volontaire, et quand le général qui avait ouvert le chemin de la conquête à nos armées, revint à Paris pour y mourir, il le suivit pour le défendre. Tous deux périrent de la même manière. Mais mon père survécut un peu de temps à son père ; il ne fut condamné qu'avec les Girondins, parmi lesquels se trouvaient ses meilleurs amis.

Il mourut résigné à toutes les vertus du martyr, même à la vertu méconnue.

Ainsi, le patriotisme si éclairé du père et du

fils, leur dévouement si pur à la cause de la liberté, reçut la même récompense.

C'est la correspondance diplomatique de mon père, à l'époque de son intéressante mission près de la cour de Berlin, que notre ministre actuel près de la même cour a bien voulu me laisser lire hier.

Rien n'est plus noble, plus simple que ces lettres; ce sont des modèles de style diplomatique, des chefs-d'œuvre d'exposition et de raisonnement. Ce sont aussi de dignes exemples de prudence et de courage. On y voit l'Europe, on y voit la France, entraînées l'une contre l'autre, se heurter et se méconnaître; on y voit le désordre croissant, malgré les remèdes proposés par quelques hommes sages et qui vont périr sans fruit, victimes de leur courageuse modération. La maturité d'esprit, la douceur et la force de caractère, la solidité d'instruction, la justesse de vues, la clarté d'idées, la force d'âme qu'elles supposent, sont surprenantes quand on pense à l'âge de celui qui les écrivit, et qu'on se rappelle qu'à cette époque l'enfance n'était pas encore émancipée; dans ce temps-là le talent appartenait à l'âge mûr, à l'expérience.

M. de Noailles, qui remplissait alors la charge d'ambassadeur de France à Vienne, et qui envoyait

LETTRE DEUXIÈME.

sa démission au malheureux Louis XVI, écrivit à mon père pour l'instruire du parti qu'il prenait. Ses lettres, conservées comme les autres dans nos archives, à Berlin, renferment les éloges les plus flatteurs pour le nouveau diplomate, auquel il prédisait une carrière brillante... Il était loin de penser qu'elle serait si courte!!!....

Mon père n'avait point de vanité; mais sa modestie dut lui faire trouver de grands encouragements dans le suffrage d'un homme expérimenté, et d'autant plus impartial qu'il se disposait à suivre une ligne de conduite opposée à celle que choisissait le jeune ministre de France à Berlin.

La mort que mon père vint chercher à Paris par devoir, fut bien noble. Une circonstance ignorée du public, l'a rendue sublime, à ce qu'il me semble. Ce trait vaut la peine de vous être conté en détail; mais, comme ma mère y joue un rôle important, je veux qu'il soit précédé d'un autre récit qui suffira pour vous la faire connaître.

Mes voyages sont mes mémoires : voilà pourquoi je ne me fais nul scrupule de commencer celui de Russie par une histoire qui m'intéresse personnellement, plus que toutes les notions que je vais recueillir au loin.

Le général Custine venait d'être rappelé à Paris, où il succomba sous les dénonciations de ses envieux.

C'est à l'armée qu'il avait appris la mort du Roi ; et la lecture des journaux lui causait une indignation dont il ne modérait pas l'expression en présence des commissaires de la Convention. Ceux-ci lui avaient entendu dire : « Je servais mon pays pour le défendre de l'invasion étrangère ; mais qui peut se battre pour les hommes qui nous gouvernent aujourd'hui? »

Ces paroles, rapportées à Robespierre par Merlin de Thionville et par l'autre commissaire, décidèrent de la mort du général.

Ma mère, qui m'avait nourri, vivait retirée dans un village de Normandie, où elle se cachait avec moi, alors tout petit enfant. Sitôt qu'elle apprit le retour du général Custine à Paris, cette noble jeune femme crut de son devoir de quitter son asile, son enfant, de quitter tout, pour courir au secours de son beau-père, avec lequel sa famille était brouillée depuis plusieurs années, à cause des opinions politiques qu'il avait manifestées dès le commencement de la révolution. Elle eut peine à se séparer de moi, car elle était vraiment mère; mais le malheur avait toujours les premiers droits sur ce grand cœur.

Elle me confia aux soins d'une berceuse née chez nous, en Lorraine, et dont la fidélité héréditaire était à toute épreuve. Cette femme devait me ramener à Paris.

Si le général Custine avait pu être sauvé, c'eût été par le dévouement et le courage de sa belle-fille.

Leur première entrevue fut touchante, surtout par la surprise du prisonnier. A peine le vieux soldat eut-il aperçu ma mère, qu'il se crut délivré. En effet, sa jeunesse, sa beauté, sa timidité, qui n'empêchait pas qu'elle n'eût, quand il le fallait, un courage de lion, inspirèrent bientôt un tel intérêt au public impartial, aux journalistes, au peuple et même aux juges du tribunal révolutionnaire, que les hommes qui avaient résolu la perte du général voulurent effrayer le plus éloquent de ses avocats : sa belle-fille.

Le gouvernement d'alors n'en était pas encore venu au point d'impudeur où il parvint depuis. On n'osa faire arrêter ma mère qu'après la mort de son beau-père et celle de son mari; mais les hommes qui craignaient de la mettre en prison, ne craignirent pas de commander et de payer son massacre; des septembriseurs, comme on appelait à cette époque les assassins soldés, furent placés pendant plusieurs jours sur les marches du Palais de justice; et l'on eut soin d'avertir ma mère du danger qu'elle courrait chaque fois qu'elle oserait se présenter au tribunal. Rien ne l'arrêta; on la voyait tous les jours à l'audience assise aux pieds de son beau-père, où sa courageuse présence attendrissait jusqu'aux bourreaux.

Entre chaque séance, elle employait les soirées et les matinées à solliciter en secret les membres du tribunal révolutionnaire et ceux des comités. Ce qu'elle eut à souffrir dans ces visites, la manière dont elle fut reçue par plusieurs des hommes influents de cette époque, exigerait de longs récits. Mais je suis forcé de retrancher les détails, parce que je les ignore. Ma mère n'aimait pas à raconter cette partie de sa vie, si glorieuse mais si douloureuse; c'était presque la recommencer.

Elle se faisait accompagner dans ses courses par un ami de mon père, costumé en homme du peuple, c'était l'habit de cour du temps; cet ami, vêtu d'une carmagnole, sans cravate et les cheveux non poudrés, coupés à la titus, l'attendait ordinairement sur le palier ou dans l'antichambre, quand il y avait une antichambre.

LETTRE DEUXIÈME.

A l'une des dernières séances du tribunal, ma mère, d'un regard, fit pleurer les femmes de la galerie; pourtant ces mégères ne passaient pas pour avoir le cœur bien tendre. On les appelait furies de guillotine et tricoteuses de Robespierre. Les marques de sympathie que ces enragées donnèrent à la belle-fille de Custine irritèrent tellement Fouquier-Tinville que, séance tenante, des ordres menaçants pour la vie de ma mère furent envoyés secrètement par l'accusateur public aux assassins du perron.

L'accusé venait d'être reconduit dans sa prison; sa belle-fille, au sortir du tribunal, s'apprêtait à descendre les marches du Palais pour regagner seule et à pied le fiacre qui l'attendait dans une rue écartée. Nul n'osait l'accompagner, du moins ostensiblement, de peur d'aggraver le péril. Timide et sauvage comme une biche, elle avait eu toute sa vie, par instinct, une peur déraisonnable de la foule. Vous savez ce que c'est que le perron du palais de justice : figurez-vous cette longue suite de degrés assez roides, toute couverte des flots pressés d'une populace émue de colère, gorgée de sang, et trop expérimentée déjà, trop accoutumée à s'acquitter en conscience de son exécrable office pour reculer devant un meurtre de plus.

Ma mère, tremblante, s'arrête au haut du perron, elle cherche des yeux la place où madame de Lamballe avait été massacrée quelques mois auparavant. Un ami de mon père était parvenu à lui faire remettre un billet au tribunal pour l'avertir de redoubler de prudence : mais cet avis accrut le péril, au lieu de l'éloigner ; ma mère, plus épouvantée, avait moins de présence d'esprit : elle se crut perdue, et cette idée pouvait la perdre. « Si je chancelle, si je tombe comme madame de Lamballe, c'en est fait de moi, » se disait-elle, et la foule furieuse s'épaississait incessamment sur son passage. « C'est la Custine, c'est la belle-fille du traître ! » criait-on de toutes parts. Chaque mot était assaisonné de jurements et d'imprécations atroces.

Comment descendre, comment traverser cette troupe infernale ? Les uns, le sabre nu, se plaçaient au devant d'elle ; les autres, sans veste, les manches de la chemise relevées, écartaient déjà leurs femmes ; c'était le signe précurseur de l'exécution ; le danger croissait. Ma mère se disait qu'à la plus légère marque de faiblesse on la jetterait à terre, et que sa chute serait le signal de sa mort ; elle m'a raconté qu'elle se mordait les mains et la langue au sang dans l'espoir de s'empêcher de pâlir à force de douleur. Enfin, en jetant les yeux autour d'elle, elle aperçut une poissarde ¹, des plus hideuses, qui s'avançait au milieu de la foule. Cette femme portait un nourrisson dans ses bras. Poussée par le Dieu des mères, *la fille du traître* s'approche de cette mère..... (une mère est plus qu'une femme), et lui dit : « Quel joli enfant vous avez là! » — « Prenez-le, » répond la mère, femme du peuple qui comprend tout d'un mot et d'un regard, « vous me le rendrez au bas du perron. »

L'électricité maternelle avait agi sur ces deux cœurs; elle se fit sentir aussi à la foule. Ma mère prend l'enfant, l'embrasse, et s'en sert comme d'égide contre la populace ébahie.

L'homme de la nature reprend ses droits sur l'homme abruti par l'effet d'une maladie sociale; les barbares, soi-disant civilisés, sont vaincus par deux mères. La mienne délivrée, descend dans la cour du palais de justice, la traverse, se dirige vers la place sans être frappée ni même injuriée; elle arrive à la grille, rend l'enfant à celle qui l'a prêté, puis à l'instant toutes deux s'éloignent sans se dire un seul mot; le lieu n'était favorable ni à un re-

---

¹ Femme de la halle.

mercîment, ni à une explication : elles ne se sont point confié leur secret, elles ne se sont jamais revues : ces deux âmes de mères devaient se retrouver ailleurs.

Mais la jeune femme miraculeusement sauvée ne put sauver son père. Il mourut ! Pour couronner sa vie, le vieux guerrier eut le courage de mourir en chrétien : une lettre de lui à son fils atteste cet humble sacrifice, le plus difficile de tous dans un siècle de crimes et de vertus philosophiques : avec la sincérité d'un saint, il écrivait à mon père la veille de sa mort : « Je ne sais comment je me conduirai au dernier moment : il faut y être avant de pouvoir répondre de soi. »

Et c'est cette modestie sublime que les aveugles beaux esprits de l'époque, ont qualifiée de pusillanimité !... mais qui donc l'empêchait de se vanter d'avance, quitte à manquer à sa promesse si la nature venait à trahir sa fierté ? Ce qui l'en empêchait, c'est l'amour de la vérité, poussé jusqu'à l'oubli de l'amour-propre ; sentiment au-dessus de la portée des petites âmes.

Le général Custine, en allant à l'échafaud, baisa le crucifix qu'il ne quitta qu'au sortir de la fatale charrette. Ce courage religieux ennoblit sa mort autant que le courage militaire avait ennobli sa vie; mais il scandalisa les Brutus parisiens.

Dans sa lettre, il priait encore mon père de réhabiliter sa mémoire. Naïve et sublime bonne foi d'un soldat, qui pense que l'échafaud de Robespierre peut entacher une renommée! Quoi de plus touchant que cette autorité supposée au bourreau par la victime?

La veille de sa mort, mon grand-père revit une dernière fois sa belle-fille; ma mère, en arrivant près de lui, fut surprise de ne plus le trouver dans son cachot, et de le voir bien établi, dans une bonne chambre. « On m'a délogé cette nuit, » dit-il, « pour me faire céder ma place à la Reine; parce que mon premier logement était le plus mauvais de la prison. »

Peu d'années auparavant, il avait perdu, dans un hiver, 300 000 francs au jeu de la Reine, à Versailles; dans ce temps-là, Marie-Antoinette, brillante, enviée, eût regardé comme un visionnaire, celui qui lui aurait montré la Conciergerie, en lui disant que ce serait son dernier asile. Mon grand-père, qui l'avait adorée comme toute la cour, ne pouvait penser, sans attendrissement, au sort de cette fille de Marie-Thérèse; il s'oubliait lui-même en voyant les revers de fortune de cette femme, si fière avec les grands de sa cour, si affable avec ses inférieurs; et il ne pouvait s'étonner assez de la singularité de leur rencontre au pied de l'échafaud.

Durant le procès du général Custine, mon père avait écrit et fait imprimer une défense modérée, mais franche, de la conduite politique et militaire de son père. Cette défense qu'il avait fait placarder sur les murs de Paris, fut inutile; elle ne fit qu'attirer sur l'auteur la haine de Robespierre et du parti de la Montagne, déjà fort irrité contre lui à cause de ses liaisons avec tous les hommes généreux et raisonnables de ce temps-là. Dès lors sa perte fut jurée; peu de temps après la mort de son père, il fut mis en prison. A cette époque, la terreur avait fait de rapides progrès en France; être arrêté, c'était être condamné; on n'était plus jugé que pour la forme.

Ma mère encore libre, quoique sa conduite pendant le procès de son beau-père eût fixé sur elle l'attention publique, obtint la permission d'entrer tous les jours à la Force pour y voir son mari. Apprenant que la mort très-prochaine de mon père était résolue, elle mit tout en œuvre pour lui procurer les moyens de s'évader : belle comme elle l'était et plus que belle, charmante, elle parvint à intéresser même la fille du concierge au sort du jeune prisonnier. Toutefois, ce ne fut qu'à force d'argent et de promesses qu'elle put la décider à exécuter un plan d'évasion qu'elle avait conçu en examinant attentivement les localités.

Mon père n'était pas d'une grande taille : il était délicat, il avait encore assez de jeunesse et une assez jolie figure pour qu'on pût l'habiller en femme sans attirer les regards. Chaque fois qu'elle sortait de la prison, ma mère, uniquement occupée de son projet, descendait jusque dans la rue accompagnée de la fille du concierge : les deux femmes passaient ensemble devant les factionnaires, les corps de garde et les municipaux de service ; ces gens habitués à voir la fille du geôlier escorter ainsi tous les étrangers qui pénétraient dans la prison, s'en rapportaient à cette jeune personne du soin de fermer les portes de l'escalier, après le départ des parents ou des amis de chaque prisonnier. Depuis la mort de son beau-père, ma mère était en grand deuil ; elle portait toujours un chapeau et un voile noirs, bien que ce costume fût dangereux dans les rues, car, à cette époque désastreuse, on n'affichait pas impunément la douleur. Il fut convenu qu'au jour indiqué mon père prendrait les habits de sa femme dans la prison, que ma mère se costumerait comme la fille du geôlier, et que tandis que celle-ci descendrait dans la rue par un autre escalier, le prisonnier et la fausse Louise sortiraient ensemble par la porte ordinaire et de la manière essayée maintes fois par les deux femmes. On partirait un peu avant l'heure où les lampes s'allumaient, afin de profiter de la brune; c'était au commencement de janvier. La véritable Louise, la fille du geôlier, était jolie et presque aussi blonde et aussi fraîche que l'était ma mère dont les chagrins, à vingt-deux ans qu'elle avait à peine, n'avaient pu altérer ni la beauté ni la santé. On était convenu que la jeune fille, en passant par des détours connus d'elle seule, arriverait de son côté dans la rue en même temps que le prisonnier, lequel avant de monter en fiacre, lui donnerait à l'heure même trente mille francs en or qui seraient apportés dans la rue par un ami de ma mère. On lui assurait en outre une pension viagère de deux mille francs dont on lui remettrait en même temps le contrat signé.

Toutes choses bien calculées, bien combinées, on prit jour pour l'exécution. Ce jour avait été choisi par Louise elle-même, d'après l'humeur et le caractère des municipaux de garde qu'elle connaissait tous, et dont quelques-uns lui paraissaient moins redoutables que les autres ; il tomba justement sur l'avant-veille de celui où mon père devait être conduit à la Conciergerie et de là au tribunal, c'est-à-dire à la mort : on était au mois de janvier 1794.

La veille de ce jour solennel on crut devoir faire une répétition dans la chambre de mon père, où les habillements de chacune des trois personnes qui allaient jouer leur rôle dans la scène du lendemain, furent essayés avec un soin minutieux.

Ma mère rentra chez elle pleine d'espérance : elle ne devait revenir à la prison que le jour suivant vers le soir et une heure seulement avant d'en sortir avec mon père.

Les atrocités politiques se multipliaient : la veille même du jour choisi pour l'évasion, la Convention décréta la peine de mort contre quiconque favoriserait la fuite d'un prisonnier politique. La loi disait qu'on poursuivrait avec une égale rigueur le complice et le recéleur, enfin vous aurez peine à le croire, elle condamnait à la même punition que les coupables, *tous ceux qui ne les auraient pas dénoncés !...*

Le journal dans lequel cette loi monstrueuse fut publiée, n'était pas de ceux qu'on cachait aux prisonniers. Il fut placé à dessein sous les yeux de mon père, par le geôlier de la Force, le père de Louise. Ceci eut lieu le matin du jour choisi pour l'évasion.

L'après-midi, un peu avant l'heure convenue, ma mère arrive à la prison. Elle trouve au bas de l'escalier Louise fondant en pleurs. « Qu'as-tu, ma fille? » lui dit ma mère. »—« Ah! madame, » répond Louise, oubliant dans ce moment le tutoiement de rigueur, « ah! madame, venez le décider, vous seule pouvez encore lui sauver la vie; depuis ce matin je suis à le supplier inutilement; il ne veut plus entendre parler de notre projet. »

Ma mère craignant d'être espionnée, monte l'escalier tournant sans répondre, Louise la suit. Cette bonne fille, avant d'entrer dans la chambre du prisonnier, retient une seconde fois ma mère sur le palier et lui dit très-bas : « Il a lu le journal. » Ma mère devine le reste : connaissant l'inflexible délicatesse de cœur de son mari, elle s'arrête avant d'ouvrir la porte; ses genoux manquent sous le poids de son corps, elle chancelle comme si elle le voyait déjà monter à l'échafaud. « Viens avec moi,

Louise, » dit-elle, « tu auras plus de pouvoir que moi pour le vaincre, car c'est pour ne point exposer ta vie qu'il veut sacrifier la sienne. » Louise entre chez mon père, la porte se referme, et là commence à voix basse une scène que vous vous figurerez mieux que je ne pourrai vous la décrire. D'ailleurs ma mère n'a trouvé la force de me la conter qu'une seule fois, il y a bien longtemps et encore en abrégeant les détails.

« Vous ne voulez plus vous sauver, » dit ma mère en entrant; « votre fils va donc rester orphelin, car je mourrai aussi, moi.

— Sacrifier la vie de cette fille pour conserver la mienne : c'est impossible.

— Tu ne la sacrifieras pas; elle se cachera et se sauvera avec nous.

— On ne se cache plus en France, on ne sort plus de ce malheureux pays; ce que tu demandes à Louise est plus que son devoir.

— Monsieur, sauvez-vous, » dit Louise; « c'est devenu mon affaire à moi.

— Tu ne connais donc pas la loi décrétée hier? » Et il commence à lire. Louise l'interrompt :

« Je sais tout cela; mais, monsieur, encore une fois, sauvez-vous, je vous en supplie : je vous le demande à genoux (elle se jette aux pieds de mon père), sauvez-vous; j'ai mis mon bonheur, ma vie, mon honneur dans notre projet. Vous m'aviez promis de faire ma fortune, vous ne serez peut-être pas en état de tenir votre parole. Eh bien! monsieur, je veux vous sauver pour rien. Les trente mille francs en or qui nous attendent là-bas dans la rue, serviront pour nous trois. Nous nous cacherons, nous émigrerons, et je travaillerai pour vous; je ne vous demande rien; mais laissez-moi faire.

— Nous serons repris et tu mourras.

— Eh bien! si j'y consens; qu'avez-vous à me dire? C'est vrai, je quitte pour vous mon pays, mon père, mon prétendu; il allait m'épouser, mais je ne l'aime pas; d'ailleurs si les choses tournent bien, je ferai sa fortune avec ce que vous m'avez promis, n'est-il pas vrai?... Si je ne réussis pas je mourrai avec vous, mais puisque je le veux bien, qu'avez-vous à me dire?

— Tu ne sais ce que tu me proposes, Louise; tu te repentiras.

— C'est possible, mais vous serez sauvé.

— Jamais.

— Quoi! » reprend ma mère, « vous pensez à elle, à cette noble Louise, plus qu'à votre femme, plus qu'à votre enfant?... Tu ne sais donc pas que demain, on me défendra d'entrer ici, et qu'après-demain, tu seras transféré à la Conciergerie (la Conciergerie c'était la mort). Après cela comment veux-tu que je vive, moi ? la vie de Louise n'est pourtant pas la seule que tu doives sauver ici. »

Rien ne put ébranler la stoïque résolution du jeune prisonnier : les deux femmes à genoux, l'épouse suppliante, la mère furieuse, l'étrangère dévouée jusqu'à la mort, tout fut inutile. Le martyr de l'humanité ferma son cœur à l'égoïsme comme à la sensibilité : le sentiment de l'honneur et du devoir parlait plus haut dans cette âme que l'amour de la vie, que l'amour d'une femme ravissante de beauté, de courage, d'attendrissement, de force et de faiblesse ; plus haut que l'amour paternel. Tous ces motifs étaient presque des devoirs aussi, néanmoins mon père fut inflexible : tant de jeunesse, un corps si délicat, des traits si fins et une si grande âme !... ce devait être un beau spectacle pour le ciel !

Le temps accordé à ma mère s'écoula en vaines instances ; il fallut l'emporter hors de la chambre ; elle ne voulait pas quitter la prison. Louise presque aussi désespérée la reconduisit jusqu'à la rue, où l'attendait dans une anxiété que vous comprenez,

M. Guy de Chaumont-Quitry, notre ami, avec les trente mille francs en or.

« Tout est perdu, » lui dit ma mère, « il ne veut plus se sauver.

— J'en étais sûr, » répondit M. de Quitry.

Ce mot, digne de l'ami d'un tel homme, m'a toujours paru presque aussi beau que la conduite de mon père.

Et tout cela est resté ignoré.... Cette vertu surnaturelle a passé inaperçue dans un temps où les enfants de la France prodiguaient l'héroïsme, comme ils avaient prodigué l'esprit cinquante ans plus tôt.

Ma mère ne revit mon père qu'une seule fois à neuf heures du soir, deux jours après cette scène ; elle avait obtenu à force d'argent la permission de dire un dernier adieu au condamné, c'était à la Conciergerie.

Cette entrevue solennelle fut troublée par une circonstance si étrange que j'ai longtemps hésité à vous la raconter. Elle vous paraîtra inventée par le génie tragi-comique de Shakespeare, mais elle est vraie : dans tous les genres, la réalité va plus loin que la fiction ; si elle vous trouble dans votre attendrissement, ce n'est pas ma faute ; tout n'est-il pas contradiction dans la nature ?

Je vous ai dit que mon père était condamné et qu'il devait subir sa sentence le lendemain : il était âgé de vingt-quatre ans. Sa femme, Delphine de Sabran, était l'une des plus charmantes personnes de ce temps-là. Le dévouement qu'elle avait montré quelques mois auparavant au général, son beau-père, lui assurait dès lors une place glorieuse dans les annales d'une révolution où l'héroïsme des femmes a bien souvent racheté l'horreur qu'inspiraient à trop juste titre le fanatisme et la férocité des hommes.

Ma mère s'approcha de mon père avec calme, l'embrassa en silence et s'assit pendant trois heures auprès de lui. Durant ce temps, pas un reproche ne fut exprimé : la mort était là. Le sentiment trop généreux peut-être qui avait amené cette catastrophe était pardonné, pas un regret ne fut avoué : le malheureux avait besoin de toutes ses forces pour couronner son sacrifice. Peu de paroles furent échangées entre le condamné et sa femme; mon nom seul fut prononcé plusieurs fois, et ce nom leur brisa le cœur..... Mon père demanda grâce..... ma mère ne parla plus de moi.

Dans ces temps héroïques, la mort était un spectacle où les victimes mettaient leur honneur à ne pas fléchir devant les bourreaux; ma pauvre mère respecta dans le cœur de mon père si jeune, si beau, si plein d'âme, d'esprit, et naguère encore si heureux, le besoin de conserver tout son courage pour le lendemain; cette dernière épreuve d'un caractère noble était devenue alors le premier des devoirs même aux yeux d'une femme naturellement timide. Tant il est vrai que le sublime toujours à la portée des âmes sincères! Nulle n'était plus vraie que ma mère; aussi personne n'eut plus d'énergie dans les grandes circonstances. Minuit approchait; craignant de se trouver mal, elle allait se lever et se retirer.

Le condamné l'avait reçue dans une salle qui servait d'entrée à plusieurs chambres de la prison. Cette salle commune était assez grande, basse et obscure; tous deux s'étaient assis près d'une table sur laquelle brûlait une chandelle : un côté de la salle était vitré et derrière les vitres on entrevoyait la figure des gardiens.

Tout à coup on entend ouvrir une petite porte, jusqu'alors inaperçue; un homme sort, une lanterne sourde à la main : cet homme, bizarrement costumé, était un prisonnier qui allait en visiter un autre. Il avait pour vêtement une petite robe de chambre ou plutôt une espèce de camisole un peu longue, bordée de peau de cygne, et dont le nom même était ridicule; des caleçons blancs, des bas et un grand bonnet de coton en pointe orné d'une énorme fontange couleur de feu, complétait son ajustement : il s'avançait dans la chambre, lentement, à petits pas, glissant comme les courtisans de Louis XV glissaient sans lever les pieds, lorsqu'ils traversaient la galerie de Versailles.

Quand la figure fut arrivée tout près des deux époux, elle les regarda un instant sans dire mot, et continua son chemin; ils virent alors que ce vieillard avait du rouge.

Cette apparition, contemplée en silence par les deux jeunes gens, les surprit au milieu de leur désespoir féroce; et sans songer que le rouge n'était pas mis là pour farder un visage flétri, mais qu'il était destiné peut-être à empêcher un homme de cœur de pâlir devant l'échafaud du lendemain, ils partent ensemble d'un éclat de rire terrible : l'électricité nerveuse triompha un moment de la douleur de l'âme.

L'effort qu'ils faisaient depuis longtemps pour se cacher leurs pensées, avait irrité les fibres de leur cerveau; ils furent surpris sans défense par le sentiment du ridicule, la seule émotion sans doute à laquelle ils ne s'étaient point préparés; ainsi malgré leurs efforts, ou plutôt à cause de leurs efforts pour rester calmes, ils s'abandonnèrent à des rires désordonnés et qui dégénérèrent bientôt en spasmes effrayants. Les gardiens, que leur expérience révolutionnaire éclairait sur ce phénomène du rire sardonique, eurent pitié de ma mère plus que dans une autre occasion, quatre ans avant cette époque, la populace de Paris, moins expérimentée, n'avait eu pitié de la fille de M. Berthier.

Ces hommes entrèrent dans la salle, et emportèrent ma mère pendant une crise nerveuse qui se manifestait par des accès de rire toujours renouvelés, tandis que mon père resta seul livré aux mêmes convulsions.

Telle fut la dernière entrevue des deux époux, et tels furent les premiers récits dont on berça mon enfance.

Ma mère avait recommandé le silence autour de moi; mais les gens du peuple aiment à raconter les catastrophes auxquelles ils ont survécu. Les domestiques ne me parlaient que des malheurs de mes parents. Aussi, jamais je n'oublierai l'impression de terreur que m'a causée mon début parmi les hommes.

Ma première affection fut la crainte. Cette peur de la vie est un sentiment qui devrait être partagé avec plus ou moins d'énergie par tous les hommes, car tous auront leur mesure de douleur à combler en ce monde. C'est sans doute ce sentiment qui m'a fait comprendre la religion chrétienne avant qu'on me l'enseignât; j'ai senti en naissant que je venais de tomber dans un lieu d'exil.

Revenu à lui-même, mon père passa le reste de la nuit à se remettre de la crise qu'il venait de subir : vers le matin, il écrivit à sa femme une lettre admirable de sang-froid et de courage. Elle a été publiée dans les Mémoires du temps, ainsi que l'avait été celle de mon grand-père à ce même fils qui mourait pour avoir voulu défendre son père, et pour n'avoir voulu ni rester à la cour de Prusse comme émigré, ni se sauver de prison, en risquant la vie d'une jeune fille inconnue.

M. Girard, son ancien gouverneur, était resté tendrement attaché à cet élève dont il se glorifiait. Retiré à Orléans, pendant la terreur, il apprit la mort de mon père par le journal : cette nouvelle inattendue lui causa un tel saisissement, qu'il mourut à l'instant frappé d'apoplexie.

Si les ennemis mêmes de mon père ne parlaient

de lui qu'avec une sorte de respect involontaire, combien ses amis ne devaient-ils pas le chérir? Il avait une simplicité de manières qui explique l'intérêt qu'inspirait son mérite. Sa modestie non affectée, la douceur de son langage, lui firent pardonner sa supériorité, à l'époque où le démon de l'envie régnait sans contrôle sur le monde. Il a sans doute pensé plus d'une fois, pendant la dernière nuit, aux prédictions de ses amis de Berlin; mais je ne crois pas qu'il se soit repenti du parti qu'il avait pris : il était d'un temps où la vie, quelque pleine d'espérances qu'elle fût, paraissait peu de chose en comparaison du témoignage d'une conscience pure. On ne saurait désespérer d'un pays, tant qu'il s'y trouve des hommes dans le cœur desquels le devoir parle plus haut que toutes les affections.

SOMMAIRE DE LA LETTRE TROISIÈME.

Suite de la vie de ma mère. — Son isolement entre tous les partis. — Elle veut émigrer. — Son arrestation. — Papiers mal cachés. — Protection providentielle. — Maison dévastée. — Dévouement de Nanette, ma bonne. — Son imprudence au tombeau de Marat. — Dévots au nouveau saint. — Vie de ma mère en prison. — Mesdames de Lameth, d'Aiguillon, et de Beauharnais : plus tard l'Impératrice Joséphine. — Caractère de ces jeunes femmes. — Portrait de ma mère. — Anecdotes à ajouter aux Mémoires du temps. — Un polichinelle aristocrate. — Une femme du peuple emprisonnée parmi les grandes dames. — Son caractère. — Elle est guillotinée avec son mari. — La partie de barres. — Le décadi en prison. — Visites domiciliaires. — Plaisanterie de Dugazon. — Interrogatoire. — Le président cordonnier et bossu. — Trait de caractère. — Le soulier de peau anglaise. — Le maître maçon Jérôme. — Terrible moyen de salut. — Le carton fatal. — Le 9 thermidor. — Fin de la terreur. — Raffinements de quelques historiens sur le caractère de Robespierre. — Les prisons, après sa chute. — La pétition de Nanette, apostillée par des ouvriers. — Le bureau de Legendre. — Délivrance. — Retour de ma mère dans sa maison. — La misère. — Trait de délicatesse du maître maçon Jérôme. — Bon sens de cet homme. — Sa mort. — Voyage de ma mère en Suisse. — Son entrevue avec madame de Sabran, sa mère. — La romance du Rosier reçue en prison. — Jugement de Lavater sur le caractère de ma mère. — Manière dont elle passait sa vie sous l'Empire. — Ses amis. — Second voyage en Suisse en 1811. — Sa mort en 1826 à 56 ans.

LETTRE TROISIÈME A M***.

Berlin, ce 28 juin 1839.

Puisque j'ai commencé à vous faire le récit des malheurs de ma famille, je veux le compléter aujourd'hui. Il me semble que cet épisode de notre révolution, raconté par le fils des deux personnes qui y jouèrent le principal rôle, doit avoir un intérêt indépendant de votre amitié pour moi.

Ma mère venait de perdre tout ce qui l'attachait à son pays; elle n'avait plus d'autre devoir que celui de sauver ses jours et de conserver la vie de son unique enfant.

D'ailleurs, en France, elle avait bien plus à souffrir que les autres proscrits.

Notre nom, entaché de libéralisme, paraissait aussi odieux aux aristocrates d'alors, qu'il l'était aux Jacobins. Les partisans exclusifs et passionnés de l'ancien régime, ne pouvaient pardonner à mes parents le parti qu'ils avaient pris au commencement de la révolution, pas plus que les terroristes ne leur pardonnaient la modération de leur patriotisme républicain. Dans ce temps-là, en France, un homme de bien pouvait mourir sur l'échafaud sans être plaint ni regretté de personne.

Le parti des Girondins, qui étaient les doctrinaires de cette époque, aurait défendu mon père : il était anéanti ; du moins, avait-il disparu depuis le triomphe de Robespierre.

Ma mère se trouvait donc plus isolée que la plupart des autres victimes des Jacobins. Ayant adopté par dévouement les opinions de son mari, elle s'était décidée à abandonner la société dans laquelle elle avait passé sa vie, et elle n'en avait pas retrouvé une autre ; ce qui restait du monde d'autrefois, de ce monde qu'on a depuis appelé le faubourg Saint-Germain, n'était pas désarmé par nos malheurs ; et peu s'en fallait que les aristocrates purs ne sortissent de leurs cachettes pour faire chorus avec les Marseillais, quand on criait dans les carrefours la condamnation du *traître* Custine.

Le parti des réformateurs prudents, celui des hommes du pays, des hommes dont l'amour pour la France est indépendant de la forme du gouvernement adopté par les Français, ce parti qui fait aujourd'hui une nation, n'était pas encore représenté chez nous. Mon père venait de mourir martyr des espérances de cette nation qui n'était pas née, et ma mère, à vingt-deux ans, subissait les fatales conséquences de la vertu de son mari, vertu trop sublime pour être appréciée par des hommes qui n'en pouvaient comprendre les motifs. L'énergique modération de mon père était méconnue de ses contemporains, et sa gloire injuriée poursuivait sa femme du fond du tombeau; ma pauvre mère, chargée d'un nom qui représentait l'impartialité, au milieu d'un monde plein de passions, se voyait abandonnée de tous dans son infortune. D'autres avaient la consolation de se plaindre ensemble : ma mère restait seule à pleurer.

Quelques jours après la dernière catastrophe qui venait de la rendre veuve, elle sentit qu'il fallait partir; mais on ne pouvait sortir de France sans un passe-port, qui ne s'obtenait qu'à grand'peine; s'éloigner de Paris, c'était s'exposer aux soupçons, à plus forte raison était-il dangereux de passer la frontière.

Néanmoins à force d'argent ma mère parvint à se procurer un faux passe-port; elle devait quitter la France par la Belgique, sous le nom d'une marchande de dentelles, tandis que ma bonne, cette berceuse lorraine, dont je vous ai déjà parlé, devait sortir par l'Alsace pour me réunir à ma mère en

Allemagne. Nanette Malriat, née à Niderviller chez mon grand-père, parlait allemand mieux que français ; elle pouvait passer pour une paysanne des Vosges voyageant avec son enfant ; le lieu du rendez-vous avait été fixé à Pyrmont en Westphalie ; de là nous devions nous rendre à Berlin, où ma mère comptait rejoindre sa mère et son frère.

On ne mit personne que ma bonne dans la confidence de ce plan. Ma mère se défiait de ses gens ; d'ailleurs par égard pour eux-mêmes, elle voulait qu'ils pussent dire hardiment qu'ils avaient ignoré notre fuite. En cherchant à sauver sa vie elle n'avait garde de négliger le soin de leur sûreté.

Pour écarter tout soupçon de complicité, il fut convenu qu'elle sortirait de chez elle le soir, seule et à pied, déguisée en ouvrière ; et que ma bonne sortirait une demi-heure plus tôt en m'emportant dans ses bras, caché sous son mantelet. On devait attacher au balcon du salon une échelle de corde qui ferait supposer que ma mère était descendue dans la rue la nuit par la fenêtre à l'insu des gens de la maison. Nous logions au premier étage rue de Bourbon. On avait depuis quelques jours fait sortir de chez nous, un à un plusieurs objets de première nécessité pour former le petit paquet de voyage de ma mère. Ces objets avaient été déposés chez un ami, qui devait les rendre à ma mère hors de la barrière à l'heure indiquée.

Tout étant prêt, Nanette part avec moi pour se rendre au bureau des voitures publiques de Strasbourg, et ma mère se prépare à sortir pour prendre en poste la route de Flandre.

. Au dernier moment, elle était seule dans un cabinet, au fond de son appartement; les portes de la chambre et du salon étaient restées ouvertes; elle s'occupait à mettre en ordre des papiers importants qu'elle triait avec un soin religieux, ne voulant brûler avant de fuir que ce qui aurait pu compromettre des parents ou des amis d'émigrés, restés à Paris. Ces papiers étaient pour la plupart des lettres de sa mère, de son frère, des reçus d'argent envoyé à des officiers de l'armée de Condé ou à d'autres émigrés, des commissions données en secret par des personnes de province suspectes d'aristocratie, des demandes de secours adressées par de pauvres parents, et par des amis sortis de France : enfin, il y avait dans le carton et dans les tiroirs qu'elle s'occupait à vider, de quoi la faire guillotiner dans les vingt-quatre heures, et cinquante personnes avec elle.

Assise sur un grand canapé près de la cheminée, elle commençait à brûler les lettres les plus dangereuses, et serrait à mesure dans une cassette celles qu'elle croyait pouvoir laisser après elle sans inconvénient, dans l'espoir de les retrouver un jour; tant elle avait de répugnance à détruire ce qui lui venait de ses amis, ou de ses parents!

Tout à coup elle entend ouvrir la première porte de son appartement, celle qui donnait de la salle à manger dans le salon; éclairée par un de ces pressentiments qui ne lui ont jamais manqué dans les moments de périls, elle se dit: « Je suis dénoncée, on vient m'arrêter » et sans plus délibérer, sentant qu'il est trop tard pour brûler les masses de papiers dangereux dont elle est environnée, elle les ramasse sur la table, sur le canapé, dans le carton, et les prenant à brassées elle les jette rapidement ainsi que la cassette sous le canapé, dont les pieds heureusement assez hauts étaient couverts d'une housse qui traînait jusqu'à terre.

Ce travail terminé avec la rapidité de la peur, elle se lève et reçoit de l'air le plus calme les personnes qu'elle voit entrer dans son cabinet.

C'était en effet des membres du comité de sûreté

générale et des hommes de la section qui venaient l'arrêter.

Ces figures aussi ridicules qu'atroces l'environnent en un moment : les sabres, les fusils brillent autour d'elle; elle ne songe qu'à ses papiers qu'elle achève de repousser du pied sous le canapé devant lequel elle reste toujours debout.

« Tu es arrêtée, » lui dit le président de la section.

Elle garde le silence.

« Tu es arrêtée, parce qu'on t'a dénoncée comme émigrée d'intention. »

« C'est vrai, » dit ma mère, en voyant déjà dans les mains du président son portefeuille et son faux passe-port qui venaient d'être saisis dans sa poche, car le premier soin des agents de la municipalité avait été de la fouiller; « c'est vrai, je voulais fuir. »

« Nous le savons bien. »

En cet instant, ma mère aperçoit ses gens qui avaient suivi les membres de la section et du comité.

Un coup d'œil lui suffit pour deviner par qui elle a été dénoncée : la physionomie de sa femme de chambre trahit une conscience troublée. « Je vous plains, » lui dit ma mère en s'approchant de cette fille. Celle-ci se met à pleurer et répond tout bas en sanglotant : « Pardonnez-moi, madame, j'ai eu peur. »

« Si vous m'eussiez mieux espionnée, » lui répliqua ma mère, « vous auriez compris que vous ne couriez aucun risque. »

« A quelle prison veux-tu qu'on te conduise, » dit un des membres du comité, « tu es libre... de choisir. »

« N'importe. »

« Viens donc. » Mais avant de sortir, on la fouille encore, on ouvre les armoires, les meubles, les secrétaires, on bouleverse la chambre, et personne ne pense à regarder sous le canapé ! Les papiers restent intacts. Ma mère se garde de jeter les yeux du côté où elle les a si précipitamment et si mal cachés. Enfin elle sort et monte en fiacre avec trois hommes armés qui la mènent rue de Vaugirard, aux Carmes, dans ce couvent changé en prison, et dont les murs trop fameux étaient encore teints du sang des victimes massacrées au 2 septembre 1792.

Cependant l'ami qui l'attendait à la barrière, voyant l'heure du départ passée, ne doute pas un instant de l'arrestation de ma mère, et laissant à

LETTRE TROISIÈME.

tout hasard un de ses frères à la place indiquée, il court sans hésiter au bureau de la diligence, afin d'empêcher Nanette de partir avec moi pour Strasbourg; il arrive à temps; on me ramène chez nous : ma mère n'y était plus!.... déjà les scellés avaient été apposés sur son appartement; on n'avait laissé de libre que la cuisine, où ma pauvre bonne établit son lit près de mon berceau.

En une demi-heure tous les domestiques avaient été forcés de déguerpir; toutefois non sans trouver le temps de piller le linge et l'argenterie; la maison était déserte et démeublée; on eût dit d'un incendie : c'était la foudre.

Amis, parents, serviteurs, tout avait fui; un fusilier défendait la porte de la rue; dès le lendemain, un gardien civique fut substitué à l'ancien portier; ce gardien était le savetier du coin, qui reçut en même temps le titre de mon tuteur. Dans ce réduit dévasté, Nanette eut soin de moi comme si j'eusse été un grand seigneur; elle m'y garda huit mois avec une fidélité maternelle.

Elle ne possédait presqu'aucun objet de valeur; quand le peu d'argent qu'elle avait emporté pour le voyage fut épuisé, elle me nourrit du produit de ses hardes qu'elle vendait une à une, tout en se disant que personne ne pourrait lui rendre le prix de ce qu'elle dépensait pour moi.

Si ma mère périssait, son projet était de m'emmener dans son pays, pour m'y faire élever et nourrir parmi les petits paysans de sa famille. J'avais deux ans; je tombai mortellement malade d'une fièvre maligne. Nanette trouva le moyen de me faire soigner par trois des premiers médecins de Paris, Portal, Gastaldi, j'ai oublié le nom du chirurgien. Sans doute ces hommes furent influencés par la réputation de mon père et celle de mon grand-père; mais ils seraient venus dans notre réduit, même pour un enfant inconnu, car c'est une chose éprouvée que le désintéressement et le zèle des médecins français; le dévouement de ma bonne est plus étonnant : ils sont humains par état; chez eux la science aide à la vertu, c'est bien; mais elle fut noble et généreuse malgré sa pauvreté, malgré son manque de culture; c'est sublime. Pauvre Nanette! elle avait bien de l'énergie; toutefois la force de sa raison ne répondait pas à sa puissance de sentiment. C'était une belle âme, un noble cœur; ce n'était pas un grand caractère. Mais quelle fidélité!.... Les revers de ma famille n'ont que trop fait briller son désintéressement et son courage.

Elle portait la hardiesse jusqu'à l'aveuglement; pendant le procès de mon grand-père, les crieurs publics s'en allaient par les halles, débitant d'atroces injures contre le *traître Custine;* quand ma bonne les entendait passer, elle les arrêtait au milieu de la foule, se disputait avec eux, défendait son maître contre la populace, et en appelait jusque sur la place de la Révolution des arrêts du tribunal révolutionnaire.

« Que dit-on, qu'ose-t-on écrire contre le général Custine? » s'écriait-elle sans égard au danger auquel elle s'exposait, « Tout cela est faux; je suis née chez lui, moi, je le connais mieux que vous, car il m'a élevée; il est mon maître, il vaut mieux que vous tous, entendez-vous; s'il l'avait voulu, il aurait arrêté votre gueuse de révolution avec son armée, et maintenant vous lui lécheriez les pieds au lieu de l'insulter; lâches que vous êtes! »

C'est avec des discours semblables et bien d'autres éclairs de bon sens, tout aussi imprudents, qu'elle a plusieurs fois pensé se faire massacrer au milieu des rues de Paris, par les harpies de la révolution.

Un jour, c'était peu de temps après la mort de Marat, elle passait avec moi qu'elle portait sur ses bras, au milieu de la place du Carrousel. Par une confusion d'idées qui caractérise cette époque de vertige, on avait élevé là un autel révolutionnaire en l'honneur du martyr de l'athéisme et de l'inhumanité. Au fond de cette espèce de chapelle ardente était déposé, je crois, le cœur, si ce n'est le corps de Marat. On voyait des femmes s'agenouiller dans ce lieu nouvellement sanctifié, y prier, Dieu sait quel dieu, puis se relever en faisant avec recueillement le signe de la croix et une révérence au nouveau saint. Tous ces actes contradictoires peignent énergiquement le désordre des âmes et des choses à cette époque.

Exaspérée par ce spectacle, Nanette oublie que je suis dans ses bras, elle apostrophe la dévote de nouvelle espèce et l'accable d'injures; la furie pieuse répond en criant au sacrilége; des paroles, elle en vient aux coups; la foule entoure les deux ennemies : Nanette est la plus jeune et la plus forte, mais gênée par la crainte de me blesser, elle a le dessous et tombant à terre avec moi, elle perd son bonnet : elle se relève échevelée, cependant elle me tient toujours fidèlement serré contre sa poitrine; de toutes parts des cris de mort la menacent : « L'aristocrate à la lanterne. » On la traîne déjà par les cheveux vers le réverbère de la rue *Nicaise*, comme on disait alors ; une femme m'avait arraché des bras de la malheureuse, lorsqu'un homme qui paraissait plus furieux que les autres, fend la foule, éloigne un instant les énergumènes acharnés contre la victime et faisant semblant de ramasser quelque chose à terre lui dit à l'oreille : « Vous êtes folle, vous êtes folle, entendez-moi bien, ou vous êtes perdue ; sauvez-vous, ne craignez rien pour votre enfant, je vous le porterai de loin, mais contrefaites la folle, ou vous êtes morte. » Alors Nanette se met à chanter, à faire toutes sortes de grimaces : « C'est une folle, » dit celui qui la protége ; à l'instant d'autres voix répondent : « Elle est folle, elle est folle, vous le voyez bien ; laissez-la passer ! » Profitant du moyen de salut qu'on lui offre, elle se sauve en courant et en dansant, traverse le pont Royal, s'arrête à l'entrée de la rue du Bac, et là elle se trouve mal en me recevant des mains de son libérateur.

Nanette, grâce à cette leçon, devint sage par attachement pour moi ; mais ma mère ne cessa de redouter son audace et ses accès de franchise.

Dès son entrée en prison, ma mère éprouva un sentiment de consolation ; là du moins elle n'était plus seule ; elle se lia aussitôt d'amitié intime avec quelques femmes distinguées et dont les opinions s'accordaient avec celles de mon père et de mon grand-père. Elles vinrent spontanément au-devant d'une personne à laquelle elles s'intéressaient depuis longtemps sans la connaître, et lui témoignèrent une sympathie touchante, fondée sur beaucoup d'admiration. Elle m'a parlé de madame Charles de Lameth, mademoiselle Picot, personne d'un esprit aimable et même gai, malgré la rigueur des temps; de madame d'Aiguillon, la dernière du nom de Navailles, belle-fille du duc d'Aiguillon, l'ami de madame du Barry, et belle comme une médaille antique ; enfin de madame de Beauharnais, depuis l'Impératrice Joséphine.

Ma mère et cette dernière étaient logées dans le même cabinet, elles se rendaient réciproquement les services de femme de chambre.

Ces femmes si jeunes, si belles, avaient les vertus et même l'orgueil de leur malheur. Ma mère m'a conté qu'elle s'empêchait de dormir, tant qu'elle ne se sentait pas la force de faire le sacrifice de sa vie, parce que, disait-elle, elle craignait de donner des marques de faiblesse, si on venait la nuit la réveiller en sursaut pour la conduire à la Conciergerie, c'est-à-dire à la mort.

Mesdames d'Aiguillon et de Lameth avaient beaucoup d'énergie; madame de Beauharnais montrait un découragement qui faisait rougir ses compagnes d'infortune. Avec l'insouciance d'une créole, elle était pusillanime et inquiète à l'excès; les autres savaient se résigner, elle espérait toujours; elle passait sa vie à tirer les cartes en cachette et à pleurer devant tout le monde, au grand scandale de ses compagnes. Mais elle était naturellement gracieuse; et la grâce ne nous sert-elle pas à nous passer de tout ce qui nous manque? Sa tournure, ses manières, son parler surtout avaient un charme particulier : mais, il faut le dire, elle n'était ni magnanime ni franche : les autres prisonnières la plaignaient, en déplorant son peu de courage; car toutes victimes qu'elles étaient de la République, elles restaient républicaines par caractère : je parle de mesdames de Lameth et d'Aiguillon ; ma mère n'était que femme, mais avec tant de grandeur d'âme que chaque sacrifice était pour elle un exemple qui lui donnait une sorte d'émulation noble, et l'élevait tout d'abord au niveau des actions inspirées par les sentiments mêmes qu'elle ne partageait pas.

Il avait fallu des combinaisons uniques dans l'histoire pour former une femme telle que ma mère; on ne retrouvera jamais le mélange de grandeur d'âme, et de sociabilité produit en elle par l'élégance et le bon goût des conversations qu'on entendait dans le salon de sa mère, dans celui de madame de Polignac, et par les vertus surnaturelles qu'on acquérait sur les marches de l'échafaud de Robespierre, quand on avait du cœur. Tout le charme de l'esprit français du bon temps, tout le sublime des caractères antiques se retrouvaient en ma mère, qui avait la physionomie et le teint des blondes têtes de Greuze avec un profil grec.

Quand il fallut manger à la gamelle, à des tables de plus de trente prisonniers de tous rangs, ma mère, qui de sa nature était la personne du monde la plus dégoûtée, ne s'aperçut même pas de cette aggravation de peine introduite dans le régime de la prison à l'époque de la plus grande terreur. Les maux physiques ne l'atteignaient plus. Je ne lui ai jamais vu que des chagrins; ses maladies étaient des effets et la cause venait de l'âme.

On a beaucoup écrit sur les singularités de la vie

des prisons à cette époque ; si ma mère avait laissé des Mémoires, ils auraient révélé au public une foule de détails encore ignorés. Dans la prison des Carmes, les hommes étaient séparés des femmes. Quatorze femmes avaient leurs lits dans une des salles de l'ancien couvent ; parmi ces dames se trouvait une Anglaise fort âgée, sourde et presque aveugle. On n'a jamais pu lui faire comprendre pourquoi elle était là : elle s'adressait à tout le monde pour le savoir : le bourreau a répondu à sa dernière question.

J'ai lu dans les Mémoires du temps la mort toute semblable d'une vieille dame traînée de la province à Paris. Les mêmes iniquités se répétaient ; la férocité ne varie guère dans ses effets, pas plus que dans ses causes. La lutte entre le bien et le mal soutient l'intérêt du drame de la vie ; mais quand le triomphe du crime est assuré, la monotonie rend l'existence accablante, et l'ennui ouvre la porte de l'enfer. Le Dante nous peint, dans un des cercles de ses damnés, l'état des âmes perdues, mais dont les corps mus par un démon qui s'en est emparé, paraissent encore vivants sur la terre. C'est le plus énergique et en même temps le plus philosophique emblème qu'on ait jamais imaginé pour montrer les résultats du crime et le triomphe du mauvais principe dans le cœur de l'homme.

Dans la même chambrée était la femme d'un farceur qui montrait les marionnettes; tous deux avaient été arrêtés, disaient-ils, parce que leur polichinelle était trop aristocrate, et qu'il se moquait du père Duchêne en plein boulevard.

La femme avait une extrême vénération pour les grandeurs déchues, et, grâce à ce respect, les nobles prisonnières retrouvaient sous les verroux les égards dont elles avaient été entourées naguère dans leur propre maison.

La femme du peuple les servait pour le seul plaisir de leur être agréable; elle faisait leur chambre, leur lit; elle leur rendait gratuitement toutes sortes de soins, et n'approchait de leurs personnes qu'avec les témoignages du plus profond respect; au point que les prisonnières, ayant déjà perdu l'habitude de cette politesse d'autrefois, crurent pendant quelque temps qu'elle se moquait; mais la pauvre femme périt tout de bon avec son mari, et, en prenant congé de ses illustres compagnes, qu'elle croyait ne précéder que de peu de jours sur l'échafaud, elle n'oublia pas un seul instant d'user de toutes les formules d'obéissance surannée qu'elle aurait pu employer autrefois pour leur demander une grâce. A l'entendre parler avec tant de cérémonie, on aurait pu se croire dans un château féodal, chez une châtelaine entichée de l'étiquette des cours. A cette époque ce n'était qu'en prison qu'une citoyenne française pouvait se permettre tant d'audacieuse humilité; la malheureuse ne craignait plus de se faire arrêter. Il y avait quelque chose de touchant dans le contraste que le langage de cette femme, commune d'ailleurs, faisait avec le ton et les paroles des geôliers, qui croyaient se relever par leur brutalité. Les prisonniers se réunissaient à certaines heures dans une espèce de jardin; là tout le monde se promenait ensemble, et les hommes jouaient aux barres.

C'était ordinairement pendant ces moments de récréation que le tribunal révolutionnaire envoyait chercher les victimes. Si celle qu'on appelait était un homme, et si cet homme était du jeu, il disait un simple adieu à ses amis; puis *la partie continuait!!!* Si c'était une femme, elle faisait également ses adieux; et son départ ne troublait pas davantage les divertissements de ceux et de celles qui lui survivaient. Cette prison était la terre en miniature, et Robespierre en était le dieu. Rien ne ressemble à l'enfer comme cette caricature de la Providence.

Le même glaive était suspendu sur toutes les têtes, et l'homme épargné une fois ne pensait pas survivre plus d'un jour à celui qu'il voyait partir devant lui. D'ailleurs, à cette époque de délire, les mœurs des opprimés paraissaient tout aussi hors de nature que l'étaient celles des oppresseurs.

C'est de cette manière qu'après cinq mois de prison ma mère vit partir pour l'échafaud M. de Beauharnais. En passant devant elle, il lui donna un talisman arabe, monté en bague : elle l'a toujours conservé : maintenant c'est moi qui le porte.

On ne comptait plus par semaines, le temps était divisé par dizaines : le dixième jour s'appelait le décadi, et répondait à notre dimanche, parce qu'on ne travaillait ni ne guillotinait ce jour-là. Donc, quand les prisonniers étaient arrivés au nonidi soir, ils étaient assurés de vingt-quatre heures d'existence; c'était un siècle; alors on faisait une fête dans la prison.

Telle fut la vie de ma mère après la mort de son mari. Cette vie dura pendant les derniers six mois de la terreur; belle-fille d'un condamné, femme d'un autre condamné, célèbre par son courage et sa beauté, arrêtée sur une tentative d'émigration, dont elle-même avait dédaigné de se justifier, puisqu'on l'avait surprise en habit de voyage, et qu'un faux passe-port avait été saisi dans sa poche; c'est par une espèce de miracle qu'elle put échapper si longtemps à l'échafaud.

Plusieurs circonstances singulières concoururent à son salut; pendant la première quinzaine de sa détention, elle fut reconduite chez elle à trois reprises; là on leva les scellés, et l'on visita ses papiers en sa présence. Par une volonté qui semble providentielle, aucun des espions chargés de faire ces minutieuses perquisitions n'imagina d'aller regarder sous le grand canapé où se trouvaient les importants papiers qu'elle y avait jetés pêle-mêle par brassées, au moment même de son arrestation. Elle n'avait osé charger personne de les retirer de leur cachette; d'ailleurs, chaque fois qu'on la ramenait à sa prison, les scellés étaient réapposés devant elle sur toutes les portes de son appartement. Dieu voulut donc que ce meuble fût oublié, tandis que *dans le même cabinet* on défonçait sous ses yeux le milieu d'un secrétaire pour en fouiller la cachette; et, se livrant, selon l'esprit du temps, aux recherches les plus ridicules, on levait jusqu'à des feuilles de parquet.

Ceci rappelle la plaisanterie de l'acteur Dugazon. Vous l'ignorez sans doute, car que n'ignorent pas sur l'époque de nos malheurs les hommes d'aujourd'hui ? ils sont trop occupés eux-mêmes pour avoir le temps de recueillir les actes de leurs pères.

Dugazon, le comédien, était garde national; un jour faisant une patrouille près de la Halle, il s'arrête devant une marchande de pommes : « Ouvre-moi tes pommes, » dit-il à cette femme. — « Pourquoi faire ? » — « Ouvre-moi tes pommes. » — « Qu'é que tu leur veux donc à mes pommes ? » — « Je veux voir si tu n'y as pas caché des canons. »

Malgré le jacobinisme, qu'on appelait alors le civisme de Dugazon, l'épigramme en public était dangereuse.

Vous figurez-vous les battements de cœur de ma mère chaque fois qu'on approchait du lieu où avaient été jetés ses redoutables papiers ? Elle m'a souvent répété que pendant toutes les visites domiciliaires auxquelles on la força d'assister, elle n'osa tourner une seule fois les regards vers le canapé fatal, et en même temps elle craignait de les détourner avec affectation.

Ceci ne fut pas l'unique marque de protection que Dieu lui donna dans ses malheurs; comme elle ne devait pas périr là, l'esprit des hommes qui pouvaient la perdre fut tourné par une puissance invisible.

Douze membres de la section assistaient à ces recherches. Assis autour d'une table au milieu du salon, ils terminaient toujours leur visite par un interrogatoire long et détaillé, qu'ils faisaient subir à la prisonnière. La première fois cette espèce de ury révolutionnaire était présidé par un petit bossu, cordonnier de son métier et méchant autant qu'il était laid. Cet homme avait trouvé dans un coin un soulier qu'il prétendait être de peau anglaise : l'accusation était grave. Ma mère soutint d'abord que le soulier n'était pas de peau anglaise; le cordonnier président insista.

« C'est possible, » dit à la fin ma mère, « vous devez vous y connaître mieux que moi; tout ce que je puis vous dire c'est que je n'ai jamais rien fait venir d'Angleterre; si ce soulier est anglais, il n'est donc pas à moi. »

On l'essaie; il va au pied. « Quel est ton cordonnier? » demande le président. Ma mère le nomme : c'était le cordonnier à la mode au commencement de la Révolution ; il travaillait à cette époque pour toutes les jeunes femmes de la cour.

« Un mauvais patriote, » répond le président bossu et jaloux.

« Un bon cordonnier, » dit ma mère.

« Nous voulions le mettre en prison, » réplique le président avec aigreur; « mais il s'est caché, l'aristocrate, sa mauvaise conscience l'avait bien averti. Sais-tu où il est à présent? »

« Non, » répond ma mère, « d'ailleurs je le saurais que je ne vous le dirais pas. »

Ses réponses courageuses et qui contrastaient avec son air timide, l'ironie de ses pensées, qui perçait malgré elle sous la modération obligée de ses paroles, l'espèce de taquinerie involontaire à laquelle l'excitaient ces scènes burlesques et tragiques à la fois, sa beauté ravissante, la finesse de ses traits, son profil parfait, son deuil, sa jeunesse, l'éclat de son teint, la magie de ses cheveux blonds dorés, l'expression particulière de son regard, sa physionomie à la fois passionnée, mélancolique, résignée et mutine, son air noble malgré elle, ses manières élégantes et dont la facilité faisait rougir des hommes embarrassés dans leur grossièreté naturelle et affectée, sa fierté modeste, sa renommée déjà nationale, l'autorité du malheur, l'incomparable accent de sa voix argentine, de cette voix à la fois touchante et sonore, sa manière de prononcer le français si nette et pourtant si douce, le don de la popularité qu'elle possédait à un haut degré sans aucune nuance de lâche complaisance, l'instinct de la femme enfin, ce désir constant de plaire qui réussit toujours quand il est inné et par conséquent naturel : tout en elle contribuait à lui gagner le cœur de ses juges, quelque cruels qu'ils fussent. Aussi tous lui étaient-ils devenus favorables, excepté le petit bossu : cette rancune obstinée d'une créature disgraciée par la nature me paraît un trait de lumière jeté sur le cœur humain.

Ma mère avait un talent remarquable pour la peinture, elle possédait surtout le don de la ressemblance et le sentiment du pittoresque. Dans les moments de silence elle se mit à crayonner les personnages qui l'entouraient et elle fit en quelques traits une charmante esquisse du terrible tableau dont elle était la figure principale. J'ai vu ce dessin conservé longtemps chez nous, il s'est perdu dans un déménagement.

Un maître maçon nommé Jérôme, l'un des plus ardents jacobins de ce temps-là, et qui faisait partie des membres du tout-puissant comité de notre section, était présent à la scène : il lui enleva son dessin pour le faire passer de main en main ; chacun se reconnut, et tous s'égayèrent aux dépens du président qu'on voyait monté sur sa chaise pour se grandir et pour montrer à tous les yeux d'un air grotesquement triomphant le soulier accusateur ; la bosse dissimulée avec une indulgence affectée ne paraissait qu'autant qu'il le fallait pour rendre hommage à la vérité.

Cette modération de la part du peintre qui était aussi la victime, fit plus d'effet sur l'assemblée que n'en aurait produit une caricature : je note ce dernier trait parce qu'il me paraît caractériser essentiellement la délicatesse de l'esprit français de ce temps-là, dans quelque classe qu'on l'observe. Ces hommes avaient été élevés sous *l'ancien régime*, époque de l'élégance française par excellence. Leurs petits-enfants ont peut-être plus de raison ; mais ils ont moins de goût et de finesse.

« Tiens ! » s'écrièrent les terribles juges presque à l'unanimité, « tiens, regarde donc comme ton portrait est flatté, président. La citoyenne t'a vu en beau, ma foi. »

Et des rires universels achevèrent d'exaspérer le

cordonnier contrefait, mais tout-puissant, puisqu'il présidait à l'instruction des crimes imputés à l'accusée. Sa rage pouvait devenir funeste à ma mère; c'est pourtant l'imprudence qu'elle commit ce jour-là qui lui sauva la vie.

Le dessin qu'on lui prit fut joint aux pièces qui devaient servir au procès, et qu'on lui rendit plus tard. Jérôme, le maître maçon, qui affectait la plus grande colère contre ma mère, à laquelle il n'adressait jamais une parole sans y mêler quelque jurement terrible, Jérôme, tout féroce qu'il était, était jeune; frappé d'admiration en voyant ce qui la distinguait des autres femmes, il n'eut plus qu'une pensée, ce fut de la préserver de la guillotine à son insu. Il le pouvait, il le fit : voici comment.

Il avait un libre accès dans les bureaux de Fouquier-Tinville, l'accusateur public. Là s'entassaient les papiers où se trouvait le nom de chaque détenu écroué dans les prisons de Paris. Ces feuilles passaient toutes dans le carton où elles étaient empilées une à une par Fouquier-Tinville, qui les employait à mesure et sans choix pour fournir aux exécutions de la journée; c'est-à-dire à trente, à quarante, et jusqu'à soixante et quatre-vingts assassinats publics. Ces meurtres étaient alors le principal divertissement du peuple de Paris. Le nombre des feuilles se recrutait journellement des différents envois qui se faisaient de toutes les prisons de la ville. Jérôme savait où était le carton fatal; et pendant six mois, il n'a pas manqué *une seule fois* de se rendre le soir dans le bureau, à l'instant où il était sûr de n'être pas observé, pour s'assurer que la feuille, sur laquelle était inscrit le nom de ma mère, se trouvait toujours au fond du carton. Lorsque de nouveaux papiers avaient été placés dans ce même carton, et que l'accusateur public, par justice distributive, les avait mis sous les anciens, afin que chaque nom vînt à son tour, Jérôme parcourait la liasse infernale, jusqu'à ce qu'il eût retrouvé le nom de ma mère, et remis sous toutes les feuilles la feuille où il était inscrit. La supprimer lui eût paru trop dangereux. On savait que Fouquier-Tinville ne prenait pas la peine de vérifier les noms, mais il pouvait compter les feuilles, et Jérôme accusé et convaincu d'une soustraction, montait le jour même sur l'échafaud; intervertir l'ordre des papiers était un crime sans doute, mais c'était un crime moins grave et moins facile à prouver. D'ailleurs, je n'explique rien, je

LETTRE TROISIÈME.

vous dis ce que j'ai souvent entendu raconter, dans mon enfance, par Jérôme lui-même. Il nous disait que la nuit, après que tout le monde était retiré, il retournait quelquefois au bureau dans la crainte que quelqu'un, à la fin de la journée, n'eût fait comme lui et n'eût interverti l'ordre des papiers, c'était uniquement à cet ordre que tenait la vie de ma mère. Effectivement, une fois son nom se trouva le premier; Jérôme frémit et le remit sous les autres.

Ni moi, ni aucune des personnes qui écoutaient ce récit terrible, nous n'osions demander à Jérôme le nom des victimes dont il avait avancé le supplice en faveur de ma mère. Vous comprenez bien qu'elle n'a connu qu'après sa sortie de prison la ruse qui lui sauvait la vie.

Au moment où le 9 thermidor arriva, les prisons, à force de se désemplir, étaient presque vides, il ne restait plus que trois feuilles dans le carton de Fouquier-Tinville : celle de ma mère était toujours la dernière; ce qui ne l'eût pas empêchée de périr, car on n'en aurait guère apporté davantage; le spectacle de la place de la Révolution commençait à lasser son public, et le projet de Robespierre et de ses conseillers intimes, était, pour en finir avec les amis de l'ancien régime, d'ordonner un massacre général dans l'intérieur des prisons.

Ma mère, si forte contre l'échafaud, m'a souvent dit qu'elle ne se sentait nul courage à l'idée de se voir poursuivie et blessée par des assassins avant d'être égorgée.

Pendant les dernières semaines de la terreur, les anciens guichetiers de la prison des Carmes avaient été remplacés par des hommes plus féroces, destinés eux-mêmes à prendre part aux exécutions secrètes. Ils ne dissimulaient pas aux victimes le plan formé contre elles; le règlement de la prison était devenu plus sévère; personne du dehors ne pouvait voir les détenus; on n'osait leur rien envoyer, enfin l'accès des cours et des jardins leur était interdit, parce qu'on y creusait leurs fosses; voilà, du moins, ce qu'on leur disait; chaque bruit lointain, chaque murmure de la ville, leur paraissait le signal du carnage, chaque nuit leur semblait la dernière.

Leurs angoisses cessèrent le jour même de la chute de Robespierre.

Si l'on réfléchit à cette circonstance, on aura de la peine à ne pas rejeter la supposition de quelques esprits, qui, pour raffiner sur l'histoire de la ter-

LETTRE TROISIÈME.

reur, ont prétendu que Robespierre n'est tombé que parce qu'il valait mieux que ses adversaires.

Il est vrai que ses complices ne sont devenus ses ennemis que lorsqu'ils ont tremblé pour eux-mêmes : leur principal mérite est d'avoir eu peur à temps; mais en se sauvant, ils ont sauvé la France qui serait devenue un antre de bêtes féroces, si les plans de Robespierre se fussent accomplis. La révolution du 9 thermidor est une conspiration de caverne, une révolte de bandits : d'accord; mais le chef de brigands est-il devenu un honnête homme pour avoir succombé sous les coups de sa troupe conjurée contre lui? S'il suffisait du malheur pour justifier le crime, où en serait la conscience? L'équité périrait sous une fausse générosité, sentiment dangereux, car il séduit les belles âmes et leur fait oublier qu'un homme de bien doit préférer la justice et la vérité à tout.

On a dit que Robespierre n'était pas féroce par tempérament : qu'importe? Robespierre, c'est l'envie devenue toute-puissante. Cette envie nourrie des humiliations méritées que cet homme avait souffertes dans l'ancienne société, lui avait fait concevoir l'idée d'une vengeance si atroce que la bassesse de son âme et la dureté de son cœur suffisent à peine à nous faire comprendre comment il a pu la réaliser. Soumettre une nation à des opérations mathématiques, appliquer l'algèbre aux passions politiques, écrire avec du sang, chiffrer avec des têtes : voilà ce que la France a laissé faire à Robespierre. Elle fait pis encore peut-être aujourd'hui, elle écoute des esprits distingués qui s'évertuent à justifier un tel homme!! Il n'a pas volé;.... mais le tigre ne tue pas toujours pour manger.

Robespierre n'était pas féroce, dites-vous, il n'a pas pris plaisir à voir couler le sang : mais s'il l'a versé, le résultat est le même. Inventez donc si vous le voulez un mot pour l'assassinat politique par calcul; mais que cette vertu monstrueuse soit stigmatisée par l'histoire. Excuser l'assassinat par ce qui le rend plus odieux, par le sang-froid, et par les combinaisons de l'assassin, c'est contribuer à l'un des plus grands maux de notre époque, à la perversion du jugement humain. Les hommes d'aujourd'hui, dans leurs arrêts dictés par une fausse sensibilité, annulent à force d'impartialité le bien et le mal; pour mieux s'arranger de la terre ils ont aboli d'un coup le ciel et l'enfer! Ils en sont venus au point que notre génération ne reconnaît plus qu'un seul crime : l'indignation contre le

LETTRE TROISIÈME.

crime..... qu'une seule chose respectable, l'opinion qu'on n'a pas. Avoir un avis c'est devenir injuste.... et dès lors incapable de comprendre les autres. Comprendre tout, et tout le monde : telle est la prétention à la mode.

Voilà donc les sophismes où nous entraîne le prétendu adoucissement de nos mœurs, adoucissement qui n'est qu'une grande indifférence morale, une profonde incrédulité religieuse et une avidité sensuelle toujours croissante..... mais patience!!... le monde est déjà revenu de plus loin.

Deux jours après le 9 thermidor, une grande partie des prisons de Paris était vide.

Madame de Beauharnais liée avec Tallien, sortit en triomphe; mesdames d'Aiguillon et de Lameth n'avaient point péri, elles furent promptement délivrées; ma mère oubliée aux Carmes, restait presque seule dans cette prison qui n'était plus même glorieuse. Elle voyait ses nobles compagnons d'infortune faire place aux terroristes, qui d'après le revirement opéré dans la politique, venaient chaque jour sous les verrous prendre la place de leurs victimes. Les Jacobins, sous prétexte de punir les tyrans, avaient enseigné la tyrannie à la France. Tous les parents, tous les amis de ma mère étaient dispersés; personne ne s'occupait d'elle. Jérôme, proscrit à son tour comme ami de Robespierre, était obligé de se cacher et ne pouvait plus la protéger.

Deux mortels mois se passèrent dans un abandon plus désolant peut-être que le péril; elle m'a répété bien des fois que ce temps d'épreuve fut le plus difficile à supporter.

La lutte des partis continuait; le gouvernement pouvait d'un jour à l'autre retomber dans les mains des Jacobins. Sans le courage de Boissy-d'Anglas le meurtre de Féraud fût devenu le signal d'une seconde terreur pire que la première : ma mère savait tout cela, car en prison on n'ignore jamais ce qui est inquiétant. Chaque jour elle faisait demander à me voir : j'étais mourant : ma bonne répondait que j'étais malade : ma mère pleurait et se décourageait.

Enfin Nanette après m'avoir sauvé la vie par ses soins, se mit sérieusement en peine de sa maîtresse. Voyant que personne ne faisait rien pour elle, elle s'en alla chez Dyle, marchand de porcelaine, pour s'entendre avec une cinquantaine d'ouvriers de notre pays qui se trouvaient alors dans les ateliers de ce riche fabricant du boulevard du Temple; ces hommes avaient été employés à une manufacture de porcelaine fondée par mon grand-père à Niderviller, au pied des Vosges. Cette manufacture, établie avec beaucoup de magnificence, avait pendant longtemps fait vivre un grand nombre de personnes; quand elle fut confisquée avec les autres biens du général Custine, le travail cessa : ceux des ouvriers qui pensèrent pouvoir gagner leur vie à Paris, vinrent y chercher de l'ouvrage chez Dyle, qui les employa tous. Parmi eux se trouvait Malriat, le père de Nanette.

C'est à ces hommes, montés alors au rang des plus puissants, qu'elle vint demander de s'intéresser au sort de leur ancienne dame. Depuis la Révolution, ils avaient assez entendu parler d'elle; d'ailleurs son souvenir était présent dans tous les cœurs.

Ils signèrent avec empressement une pétition dictée par Nanette, qui parlait et écrivait le français de la Lorraine allemande, et elle porta elle-même cette requête ainsi rédigée et apostillée à Legendre, ancien boucher. Cet homme présidait alors le bureau où l'on déposait toutes les demandes adressées à la commune de Paris en faveur des détenus.

Le papier de Nanette fut reçu comme les autres, et jeté dans un coin sur un rayon ouvert où se trouvaient des centaines de pétitions semblables. Il resta là quelque temps : à quoi tenait le sort des hommes à cette époque !!!

Un soir, trois jeunes gens, attachés à Legendre, et dont l'un s'appelait Rossigneux, j'ai oublié le nom des autres, entrèrent sans lumière, assez tard, dans le bureau, un peu échauffés par le vin; ils se mirent à courir les uns après les autres, à monter sur les tables, à se battre pour rire ; enfin, à faire mille folies. Dans ce désordre, ils ébranlent les rayons du casier, un papier tombe. L'un des tapageurs le ramasse :

« Qu'as-tu trouvé là? disent les autres.

— Sans doute une pétition, répond Rossigneux.

— Oui; mais quel est le nom du prisonnier? »

On appelle quelqu'un; on demande de la lumière. Dans l'intervalle, les trois étourdis se jurent de faire signer la liberté de la personne désignée dans cette pétition, quelle qu'elle soit, de la faire signer le soir même par Legendre lorsqu'il rentrera, et d'annoncer à l'instant sa délivrance au détenu.

« Je le jure, fût-ce la liberté du prince de Condé, dit Rossigneux.

— Je le crois bien, répondent à la fois les deux autres en riant, il n'est pas prisonnier. »

On lit la pétition; c'est celle de ma mère dictée par Nanette, et apostillée par les ouvriers de Niderviller.

La scène que vous venez de lire lui fut racontée plus tard en détail.

« Quel bonheur, s'écrient les jeunes gens, la belle Custine, une seconde Roland! Nous irons la tirer de prison tous les trois ensemble. »

Legendre rentre chez lui, pris de vin comme les autres, à une heure du matin; la mise en liberté de ma mère, présentée par trois étourdis, est signée par un homme ivre; et, à trois heures du matin, les jeunes gens, autorisés à se faire ouvrir la prison, frappent à la porte de sa chambre, aux Carmes. Elle logeait seule alors.

Elle ne voulut ni ouvrir sa porte, ni sortir de la maison.

Les jeunes gens eurent beau insister, et lui raconter le plus brièvement, mais le plus éloquemment possible, ce qui venait d'arriver, elle avait peur de monter en fiacre au milieu de la nuit avec des inconnus; elle pensait d'ailleurs que Nanette ne l'attendait pas à cette heure-là; elle résista donc aux instances de ses libérateurs, qui n'obtinrent que la permission de revenir la chercher à dix heures.

Ainsi, après huit mois d'une prison si périlleuse, elle prolongea volontairement sa détention de plusieurs heures.

Quand elle sortit des Carmes, ils lui racontèrent, avec beaucoup de détails, ce qui avait décidé sa mise en liberté, insistant sur chaque circonstance, afin de lui prouver qu'elle ne devait rien à personne. On faisait alors une espèce de trafic des libertés; une foule d'intrigants rançonnaient, après leur élargissement, les malheureux prisonniers, pour la plupart ruinés par la Révolution.

Une grande dame, alliée d'assez près à ma mère, n'eut pas honte de lui demander 30 000 fr. qu'elle avait dépensés, disait-elle, en corruptions pour obtenir sa sortie de prison. Ma mère répondit tout simplement par l'histoire de Rossigneux, et elle ne revit jamais sa parente.

Que retrouva-t-elle en rentrant chez elle? sa maison dévastée, les scellés encore apposés sur son appartement; ma bonne logée dans la cuisine avec moi, qui avais deux ans et demi, et qui étais resté sourd et imbécile à la suite de la maladie qui m'avait mis presque à la mort.

Ce que ma mère eut à souffrir lors de ce retour à la liberté brisa ses forces; elle avait résisté aux terreurs de l'échafaud en se résignant chaque soir à mourir avec courage; la grandeur du sacrifice soutenait son esprit et son corps, mais elle succomba à la misère. La jaunisse se déclara le lendemain de son retour chez elle. Cette maladie dura cinq mois; il lui en resta une affection du foie dont elle a souffert toute sa vie.

Ce mal contrastait d'une manière frappante avec le teint le plus frais et le plus éclatant que j'aie jamais vu.

Au bout de six mois, ma mère retrouva quelque argent; on lui rendit une très-petite partie des terres de son mari, non encore vendues. Nous étions alors guéris tous les deux.

« Avec quoi madame croit-elle qu'elle a vécu depuis sa sortie de prison? lui dit un jour Nanette.

— Je ne sais; j'étais malade. Tu auras vendu de l'argenterie?

— Il n'y en avait plus.

— Du linge, des bijoux?

— Il n'y avait plus rien.

— Eh bien! avec quoi?

— Avec l'argent que Jérôme, du fond de sa cachette, m'envoyait chaque semaine, y joignant l'ordre exprès de ne rien dire à madame; mais, à présent qu'elle peut le rendre, je dis ce qui est. J'en ai tenu note exactement : voici le compte. »

Ma mère eut le bonheur de sauver la vie à cet homme, proscrit avec les terroristes. Elle le cacha et l'aida à fuir en Amérique.

Lorsqu'il revint, sous le consulat, il avait fait, aux États-Unis, une petite fortune qu'il augmenta depuis, à Paris, par des spéculations de terrains et de maisons.

Ma mère le traitait comme un ami; ma grand'-mère, madame de Sabran, et mon oncle, revenus de l'émigration, le comblèrent de marques de reconnaissance; toutefois, il n'a jamais voulu faire partie de notre société. Il disait à ma mère (je ne vous reproduis pas exactement son langage, car il était Bordelais, et sa conversation n'était qu'une suite de gros mots), mais il disait à peu près : « Je viendrai vous voir quand vous serez seule; lorsqu'il y aura du monde chez vous, je n'irai pas. Vos amis me regarderaient comme une bête curieuse; vous me recevriez par bonté, car je connais votre cœur; mais je serais mal à mon aise chez vous, et je ne veux pas de ça. Je ne suis pas né comme vous;

je ne parle pas comme vous; nous n'avons pas eu la même éducation. Si j'ai fait pour vous quelque chose, vous avez fait tout autant pour moi : nous sommes quittes. La folie du temps nous a rapprochés un moment; nous aurons toujours le droit de compter l'un sur l'autre, mais nous ne pouvons nous entendre. »

Sa conduite a été jusqu'à la fin conséquente à ce langage. Ma mère est restée pour lui, en toute occasion, une amie fidèle et serviable; on m'a élevé dans des sentiments de reconnaissance envers lui; néanmoins, dans sa physionomie, dans ses manières, il y avait toujours quelque chose qui m'étonnait.

Il ne parlait jamais politique, ni religion; il avait une grande confiance en ma mère, à laquelle il racontait ses chagrins domestiques. Nous le voyions de temps en temps; j'étais encore enfant quand il mourut : c'était au commencement de l'Empire.

La première pensée que fait naître le souvenir des malheurs de cette jeune femme, et de la protection divine par laquelle elle échappa tant de fois au péril, c'est que Dieu la réservait sans doute à des joies qui la dédommageraient de tant d'épreuves. Hélas! ce n'est pas dans ce monde qu'elle les a trouvées.

Ne dirait-on pas qu'une créature ainsi poursuivie

par le sort et protégée par le ciel, devait inspirer à tous les hommes une sorte de respect et le désir de lui faire oublier ce qu'elle avait souffert? Mais les hommes ne pensent qu'à eux-mêmes.

Ma pauvre mère perdit à lutter contre la pauvreté, les plus belles années de cette vie miraculeusement conservée.

L'énorme fortune de mon grand-père, confisquée et vendue à vil prix au profit de la nation, était presque évanouie : de toute cette opulence il ne nous restait que les dettes. Le gouvernement ne se chargeait pas de payer les créanciers; il prenait les biens et laissait les charges à ceux qu'il avait dépouillés de tous moyens de s'acquitter.

Vingt années s'écoulèrent en procès ruineux, pour arracher d'un côté à la nation, de l'autre à une formidable masse de créanciers qui ne voulaient pas s'entendre, ce qui me revenait de la fortune de mon aïeule paternelle; j'étais créancier, non héritier de mon grand-père, et ma mère était ma tutrice. Son amour pour moi l'empêcha toujours de se remarier; d'ailleurs, devenue veuve par le bourreau, elle ne se sentait pas libre comme une autre femme.

Nos affaires, difficiles et embrouillées, ont fait

son tourment; les vicissitudes d'une liquidation des plus laborieuses ont attristé ma jeunesse comme l'échafaud avait épouvanté mon enfance. Toujours suspendus entre la crainte et l'espérance, nous luttions contre le besoin; tantôt on nous promettait la richesse, tantôt un revers imprévu, une chicane habile, un procès perdu, nous rejetaient dans le dénûment. Si j'ai le goût de l'élégance, j'attribue ce penchant aux privations qui me furent imposées dans ma première jeunesse, et à celles dont je voyais souffrir ma mère. Il m'a été donné de ressentir un mal inconnu à l'enfance : le besoin d'argent; je vivais si près de ma mère, que je devinais tout par elle.

Cependant quelques rayons de joie ont brillé pour elle. Un an après sa délivrance, elle obtint un passe-port et m'ayant laissé en Lorraine toujours aux soins de ma bonne Nanette, elle alla en Suisse où l'attendaient sa mère et son frère qui ne pouvaient alors s'approcher plus près de la France.

Cette réunion, malgré les douleurs qu'elle renouvelait, fut une consolation.

Madame de Sabran avait cru sa fille perdue; elle la retrouva, encore embellie par le malheur et réalisant l'ingénieux emblème du rosier, romance devenue célèbre alors dans l'Europe entière.

Ma grand'mère émigrée ne pouvant écrire à sa fille pendant la terreur, lui avait fait parvenir en prison ces vers touchants autant que spirituels sur l'air de J.-Jacques.

Air : *Je l'ai planté, je l'ai vu naître.*

1.

Est bien à moi, car l'ai fait naître,
Ce beau rosier, plaisirs trop courts !
Il a fallu fuir et peut-être
Plus ne le verrai de mes jours.

2.

Beau rosier cède à la tempête :
Faiblesse désarme fureurs,
Sous les autans courbe ta tête
Où bien c'en est fait de tes fleurs.

3.

Bien que me fit, mal que me causes
En ton penser s'offrent à moi ;
Auprès de toi n'ai vu que roses,
Ne sens qu'épines loin de toi.

4.

Étais ma joie, étais ma gloire
Et mes plaisirs et mon bonheur ;
Ne périras dans ma mémoire :
Ta racine tient à mon cœur !!!...

5.

> Rosier, prends soin de ton feuillage
> Sois toujours beau, sois toujours vert,
> Afin que voye après l'orage
> Tes fleurs égayer mon hiver.

Le vœu s'est accompli, le rosier a refleuri, et les enfants se sont de nouveau pressés sur le sein de leur mère.

Ce voyage en Suisse est un des moments les plus heureux de la vie de ma mère. Ma grand'mère était une femme des plus distinguées et des plus aimables de son temps; mon oncle, le comte Elzéar de Sabran, plus jeune que ma mère, mais d'une sagacité d'esprit précoce, lui faisait sentir tout ce qu'il y avait de sublime et de nouveau pour elle dans le pays qu'ils parcouraient ensemble.

Tout ce qu'elle m'a raconté de cette époque avait une grâce poétique, c'était la pastorale après la tragédie.

Lavater était l'ami de madame de Sabran qui fit avec ma mère le voyage de Zurich pour aller présenter sa fille à cet oracle de la philosophie d'alors. Le grand physionomiste, en apercevant ma mère, se tourna vers madame de Sabran et s'écria :

« Ah! madame, que vous êtes une heureuse mère!

votre fille est transparente! Jamais je n'ai vu tant de sincérité, on lit à travers son front. »

Revenue en France, elle n'eut plus que deux intérêts, c'est-à-dire un seul : rétablir ma fortune et diriger mon éducation. Je lui dois tout ce que je suis et tout ce que j'ai.

Ma mère devint le centre d'un cercle de personnes distinguées parmi lesquelles se trouvaient les premiers hommes de notre pays. M. de Chateaubriand est resté son ami jusqu'à la fin.

Elle avait pour la peinture presque un talent d'artiste; jamais je ne lui ai vu passer un jour sans se renfermer de midi à cinq heures dans son atelier. Elle n'aimait point le monde : il l'intimidait, l'ennuyait et la dégoûtait. Elle en avait vu le fond trop vite. Cette expérience précoce lui avait donné la philosophie du malheur; cependant elle avait apporté en naissant et elle conserva toute sa vie la générosité qui est la vertu des existences prospères.

Sa timidité était proverbiale dans sa famille : son frère disait qu'elle avait plus peur d'un salon que de l'échafaud.

Pendant tout le temps de l'Empire, elle et ses amis vécurent dans l'opposition la plus prononcée; depuis la mort du duc d'Enghien, elle ne remit pas le pied à la Malmaison ; à partir de cette mémorable époque elle n'a même pas revu madame Bonaparte.

En 1811, voulant nous soustraire aux persécutions de la police impériale, elle fit avec moi le voyage de Suisse et d'Italie ; elle allait partout, elle franchissait les glaciers, entre autres celui du Mont-Gries entre la cascade de la Toccia et le village d'Obergestlen, dans le Haut-Valais ; elle traversait à pied ou à cheval les plus redoutables passages des Alpes, comme si elle eût eu de la force et du courage ; c'est qu'elle ne voulait ni m'empêcher d'aller ni me quitter.

Arrivée à Rome, elle y passa l'hiver et s'y forma une société charmante ; elle n'était plus jeune, cependant la pureté de ses traits avait frappé Canova. Elle aimait la naïveté d'esprit du grand artiste, dont les récits vénitiens la charmaient. Un jour je lui dis :

« Avec votre imagination romanesque vous seriez capable d'épouser Canova ? »

« Ne m'en défie pas, me répondit-elle, s'il n'était pas marquis d'Ischia j'en serais tentée. » Ce mot la peint tout entière.

J'ai eu le bonheur de la conserver jusqu'au 13 juillet 1826. Elle est morte de la maladie dont mourut Bonaparte. Ce mal dont elle avait le germe depuis longtemps, fut développé par le chagrin, surtout par celui que lui avait causé la perte de ma femme et celle de mon unique enfant; elle se passionnait dans la douleur comme d'autres dans le plaisir. C'est en son honneur que madame de Staël, qui la connaissait bien et qui l'aimait beaucoup, avait donné le nom de Delphine à l'héroïne du premier roman qu'elle publia.

A cinquante-six ans elle était belle encore au point de frapper même les étrangers qui n'avaient pu la connaître dans sa jeunesse, et qui par conséquent n'étaient point séduits par le charme de leurs souvenirs[1].

---

[1] En corrigeant les épreuves de cette lettre, je reçois une copie littérale, et longtemps égarée, de celle de mon grand-père, que je crois pouvoir insérer ici. La noblesse et la simplicité de langage du condamné justifie tout ce que j'ai dit de lui plus haut.

« Adieu, mon fils, adieu. Conservez le souvenir d'un père
« qui vit arriver la mort avec tranquillité. Je n'emporte qu'un
« regret, c'est celui de vous laisser un nom qu'un jugement fera
« croire un instant coupable de trahison, par quelques hommes
« crédules. Réhabilitez ma mémoire, quand vous le pourrez ; si
« vous obteniez mes correspondances, ce serait chose bien facile.
« Vivez pour votre aimable femme, pour votre sœur que j'em-
« brasse ; aimez-vous, aimez-moi.

« Je crois que je verrai arriver avec calme ma dernière heure ;
« au reste il faut y être arrivé.

« Adieu encore, adieu,
« Votre père, votre ami. »

C.

28 août à dix heures du soir 1793.

SOMMAIRE DE LA QUATRIÈME LETTRE.

Conversation avec l'aubergiste de Lubeck. — Ses remarques sur le caractère russe. — Différence d'humeur des Russes qui partent de chez eux et de ceux qui retournent en Russie. — Voyage de Berlin à Lubeck. — Inquiétude imaginaire. — Réalisation de ce qu'on pense. — Puissance de création mal employée. — Site de Travemünde. — Caractère des paysages du Nord. — Manière de vivre des pêcheurs du Holstein. — Grandeur particulière des paysages plats. — Nuits du Nord. — La civilisation sert à jouir des beautés de la nature. — Les hommes à demi barbares sont surtout curieux des choses factices. — Impression que me causent les noms. — C'est pour les steppes que je vais en Russie. — Naufrage du *Nicolas Ier*. — Description de cette scène. — Belle conduite d'un Français attaché à la légation de Danemarck. — On ne sait pas même son nom. — Ingratitude innocente. — Le capitaine du *Nicolas* destitué par l'Empereur. — Route de Schwerin à Lubeck. — Trait de caractère d'un diplomate. — Esprit de cour naturel aux Allemands. — La baigneuse de Travemünde. — Tableau de mœurs. — Dix ans de vie. — La jeune fille devenue mère de famille. — Réflexions.

LETTRE QUATRIÈME.

Travemünde, ce 4 juillet 1839.

Ce matin à Lubeck le maître de l'auberge, apprenant que j'allais m'embarquer pour la Russie, est entré dans ma chambre d'un air de compassion qui m'a fait rire : cet homme est plus fin, il a l'esprit plus vif, plus railleur que le son de sa voix et sa manière de prononcer le français ne le feraient supposer au premier abord.

En apprenant que je ne voyageais que pour mon plaisir, il s'est mis à me prêcher avec la bonhomie allemande pour me faire renoncer à mon projet.

« Vous connaissez la Russie, lui dis-je?

— Non, monsieur, mais je connais les Russes, il en passe beaucoup par Lubeck, et je juge du pays d'après la physionomie de ses habitants.

— Que trouvez-vous donc à l'expression de leur visage qui doive m'empêcher de les aller voir chez eux?

— Monsieur, ils ont deux physionomies; je ne

parle pas des valets qui n'en ont pas une seule, je parle des seigneurs : quand ceux-ci débarquent pour venir en Europe, ils ont l'air gai, libre, content; ce sont des chevaux échappés, des oiseaux auxquels on ouvre la cage; hommes, femmes, jeunes, vieux, tous sont heureux comme des écoliers en vacances : les mêmes personnes à leur retour ont des figures longues, sombres, tourmentées; leur langage est bref, leur parole saccadée; ils ont le front soucieux : j'ai conclu de cette différence qu'un pays que l'on quitte avec tant de joie et où l'on retourne avec tant de regret, est un mauvais pays.

— Peut-être avez-vous raison, repris-je; mais vos remarques me prouvent que les Russes ne sont pas aussi dissimulés qu'on nous les dépeint; je les croyais plus impénétrables.

— Ils le sont chez eux; mais ils ne se méfient pas de nous autres bons Allemands, dit l'aubergiste en se retirant et en souriant d'un air fin. »

Voilà un homme qui a bien peur d'être pris pour un bonhomme pensai-je en riant tout seul!.. Il faut voyager soi-même pour savoir combien les réputations que font aux divers peuples les voyageurs, souvent légers dans leurs jugements par paresse d'esprit, influent sur les caractères. Chaque individu en particulier s'efforce de protester contre l'opinion généralement établie à l'égard des gens de son pays.

Les femmes de Paris n'aspirent-elles pas au naturel, à la simplicité? Au surplus, rien de plus antipathique que le caractère russe et le caractère allemand.

J'ai fait de Berlin à Lubeck le plus triste voyage du monde. Un chagrin imaginaire, du moins, j'espère encore qu'il n'est fondé sur rien, m'a causé une de ces agitations plus vives que la douleur la mieux motivée; l'imagination s'entend à tourmenter. Je mourrai sans comprendre à quel point dans les mêmes occurrences les gens que j'aime me paraissent en danger et les indifférents en sûreté. J'ai le cœur visionnaire.

Votre silence après la lettre où vous m'en promettiez une autre par le prochain courrier, m'est devenu tout à coup la preuve certaine de quelque grand malheur, d'un accident, d'une chute en voiture, que sais-je? de votre mort subite; et pourquoi pas? ne voit-on pas chaque jour arriver des choses plus extraordinaires et plus inattendues? Une fois que cette idée se fut emparée de ma pensée, je devins sa proie; la solitude de ma voiture se peupla de fantômes. Dans cette fièvre de l'âme, les craintes ne sont pas plutôt conçues que réalisées; point d'obstacles aux ravages de l'imagination; le vague centuple le danger, le temps qu'il faut pour éclaircir un doute équivaut à une certitude, quinze jours d'angoisses c'est pire que la mort; ainsi succombant aux distances qui créent l'illusion, le pauvre cœur se dévore, il cessera de battre avant d'avoir pu vérifier la cause du mal qui le tue, ou s'il bat c'est pour subir mille fois le même martyre. Tout est possible, donc le malheur est certain : voilà comme raisonne le désespoir!... de l'inquiétude il tire la preuve du mal dont la possibilité suffit pour alimenter cette même inquiétude, pour la renouveler sans cesse.

Qui n'a senti ce tourment? Mais personne ne l'éprouve aussi souvent ni aussi violemment que moi. Ah! les peines de l'âme font redouter la mort, car la mort ne met fin qu'à celles du corps.

Voilà pourtant à quoi m'expose votre négligence, votre laisser aller!... Je n'ai pas le cœur du voyageur : il y a deux hommes en moi : mon esprit m'emporte au bout du monde, ma sensibilité me rend casanier. Je parcours la terre comme si je m'ennuyais chez moi, je m'attache aux personnes, comme si je ne pouvais bouger du lieu qu'elles habitent. Quoi! me disais-je hier, tandis que je cours m'embarquer pour aller me divertir à Pétersbourg, on l'enterre à Paris, et toutes les terribles circonstances de cette double scène se succédaient devant les yeux de mon esprit avec une puissance d'illusion, une réalité désespérante. Ce parallélisme de ma vie et de votre mort dans leurs moindres circonstances me faisait dresser les cheveux sur la tête, et m'arrêtait à chaque pas; c'était une fantasmagorie dont la réalité allait jusqu'à la sensation : c'était plus que des chimères, c'était un monde en relief qui sortait du néant à la voix de ma douleur. Pour nous, les rêves sont plus vrais que les choses; car il y a plus d'affinité entre les fantômes de l'imagination et l'âme qui les produit, qu'entre cette âme et le monde extérieur.

Je rêvais éveillé. De la crainte à la certitude le passage est si court, que je tombais dans le délire. Mon malheur était certain : je poussais des cris de terreur; et cette phrase me revenait sans cesse à la bouche comme un refrain désolant : « C'est un rêve, mais les rêves sont des avertissements..... »

Ah ! si le destin qui nous domine était un poëte, quel homme voudrait vivre ? Les imaginations inventives sont si cruelles !.... Heureusement que le destin est l'instrument d'un Dieu qui est plus que poëte. Chaque cœur porte en lui sa tragédie comme sa mort ; mais le poëte intérieur est un prophète qui souvent se trompe de vie ; ses prévisions ne s'accomplissent pas toutes en ce monde.

Ce matin, l'air frais de la prairie, la beauté du ciel, la contemplation du paysage uni, tranquille, et des doux rivages qui bordent la mer Baltique à Travemünde, ont fait taire cette voix secrète, et dissipé, comme par enchantement, le rêve sans réveil qui me tourmentait depuis trois jours. Si je ne vois plus votre mort, ce n'est pas que j'aie réfléchi, que peut le raisonnement contre les atteintes d'une puissance surnaturelle ? Mais lassé de craindre follement, je me rassure sans motif, aussi ce repos n'est-il rien moins que de la sécurité. Un mal sans cause appréciable, dissipé sans raison, peut revenir ; un mot, un nuage, le vol d'un oiseau peuvent me prouver invinciblement que j'ai tort d'être calme ; des arguments semblables m'ont bien convaincu que j'avais tort d'être inquiet.

Travemünde s'est embelli depuis dix ans, et,

qui plus est, les embellissements ne l'ont pas gâté. Une route magnifique a été terminée entre Lubeck et la mer; c'est un berceau en charmille à l'ombre duquel la poste vous conduit jusqu'à l'embouchure de la rivière à travers des vergers et des hameaux épars dans des herbages. Je n'ai rien vu de si pastoral au bord d'aucune mer. Le village s'est égayé, quoique le pays soit resté silencieux et agreste; c'est une prairie à fleur de mer; les pâturages, animés par de nombreux troupeaux qui les parcourent jour et nuit, ne finissent qu'à la grève; l'eau salée baigne le gazon.

Ces rives plates donnent à la mer Baltique l'apparence d'un lac, au pays une tranquillité qui paraît surnaturelle; on se croit dans les champs Élysées de Virgile au milieu des ombres heureuses. La vue de la mer Baltique, malgré ses orages et ses écueils, m'inspire la sécurité. Les eaux des golfes, les plus dangereuses de toutes, ne font pas sur l'imagination l'impression d'une étendue sans bornes ; c'est l'idée de l'infini qui épouvante l'homme arrêté au bord du grand Océan.

Le tintement de la clochette des troupeaux se confond sur le port de Travemunde avec le glas de la cloche des bateaux à vapeur. Cette apparition momentanée de l'industrie moderne au milieu d'une contrée où la vie pastorale est encore celle d'une grande partie de la population, me paraît poétique sans être étourdissante. Ce lieu inspire un repos salutaire ; c'est un refuge contre les envahissements du siècle, et pourtant c'est une plaine ouverte, douce à voir, facile à parcourir ; mais on s'y sent dans la solitude, comme si l'on était au milieu d'une île d'un abord difficile, et où l'homme ne pourrait défigurer la nature. Sous ces latitudes, le repos est inévitable ; l'esprit sommeille, et le temps ploie ses ailes.

Les populations du Holstein et du Mecklembourg ont une beauté calme qui s'accorde avec l'aspect doux et paisible de leur pays, et avec le froid du climat. Le rose des visages, l'égalité du terrain, la monotonie des habitudes, l'uniformité des paysages, tout est en harmonie.

Les fatigues de la pêche, pendant l'hiver, quand les hommes vont chercher la mer libre à travers une bordure de trois lieues de glaçons, coupés de crevasses, et périlleux à franchir, donnent seules une sorte de mouvement poétique à une vie d'ailleurs bien ennuyeuse. Sans cette campagne d'hiver, les habitants du rivage languiraient au coin de leurs poêles sous leurs pelisses de peau de mouton retournées. L'affluence des baigneurs sur cette belle plage sert aux paysans de la rive à gagner, pendant l'été, de quoi suffire à leurs premiers besoins, pour tout le reste de l'année, sans s'exposer à tant de périls et de fatigues; mais où il n'y a que le nécessaire, il n'y a rien. Parmi les hommes de Travenünde, la pêche d'hiver représente le superflu; les dangers gratuits qu'ils affrontent pendant cette rude saison servent à leur élégance; c'est pour une bague à son doigt, pour des boucles à ses oreilles, pour une chaîne d'or au cou de sa maîtresse, pour une cravate de soie éclatante; c'est pour briller enfin, et pour faire briller ce qu'il aime, ce n'est pas pour manger qu'un pêcheur de Travenünde lutte, au péril de ses jours, contre les flots et les glaces; il n'affronterait pas cet inutile danger s'il n'était une créature supérieure à la brute, car le besoin du luxe tient à la noblesse de notre nature, et ne peut être dompté que par un sentiment encore plus noble.

Ce pays me plaît, malgré son aspect uniforme. La végétation y est belle. Au 3 juillet, la verdure me paraît fraîche et nouvelle; les seringats des jardins commencent à peine à fleurir. Le soleil, sous ces climats paresseux, se lève tard, en grand seigneur, et se montre pour peu de temps; le printemps n'arrive qu'au mois de juin, quand l'été va s'en aller; mais si l'été y est court, les jours y sont longs. Et puis il règne une sorte de sérénité sublime dans un paysage où le sol horizontal est à peine visible et où le ciel tient la plus grande place : en contemplant cette terre basse comme la mer qu'à peine elle arrête, cette terre unie et qui ne s'est jamais ressentie des commotions du globe, terre à l'abri des révolutions de la nature comme des troubles de la société, on admire, on s'attendrit, comme on adore un front virginal. Je trouve ici le charme d'une idylle qui me reposerait du dévergondage dramatique de nos romans et de nos comédies; ce n'est pas pittoresque, mais c'est champêtre et différent de tout; car ce n'est pas le champêtre et le pastoral des autres beaux lieux de l'Europe.

Le crépuscule de dix heures me rend la promenade du soir délicieuse; il règne dans l'air à ce moment un silence solennel; c'est la suspension de la vie, rien ne parle aux sens, ils sont pour ainsi dire hors d'atteinte; mes regards, perdus dans la contemplation des pâles astres du Nord, s'enfoncent loin de la terre, ou plutôt ils s'arrêtent, ils renoncent, et mon esprit, dans le vague espace où il plane, échappe aux régions inférieures pour s'élancer librement jusqu'au delà du ciel visible.

Mais pour éprouver le charme de ces illusions, il faut venir de loin. La nature n'a tout son prix qu'aux yeux des étrangers civilisés; les rustiques indigènes ne jouissent pas comme nous du monde qui les environne : un des plus grands bienfaits de la société, c'est qu'elle révèle aux habitants des villes toutes les beautés des champs; c'est la civilisation qui m'apprend à me plaire dans ces contrées destinées par la nature à nous conserver l'image de la vie primitive; je fuis les salons, les conversations, les bonnes auberges, les routes faciles, enfin tout ce qui pique la curiosité, tout ce qui excite l'admiration des hommes nés dans des sociétés à demi barbares, et malgré mon aversion pour la mer, je m'embarque demain sur un vaisseau dont je brave avec joie toutes les incommodités, pourvu qu'il me porte vers des déserts et des steppes... des steppes! ce nom oriental me fait pressentir à lui seul une nature inconnue et merveilleuse; il réveille en moi un désir, qui me tient lieu de jeunesse, de courage, et qui me rappelle que je ne suis venu en ce monde qu'à condition de voyager : telle est la fatalité de ma nature. Mais faut-il vous l'avouer ? peut-être n'aurais-je jamais entrepris ce voyage, s'il n'y avait pas des steppes en Russie. Je crains vraiment d'être trop jeune pour le siècle et le pays où nous vivons !......

Ma voiture est déjà sur le paquebot; c'est, disent les Russes, un des plus beaux bateaux à vapeur du monde. On l'appelle *le Nicolas I*. Ce même vaisseau a brûlé l'année dernière, pendant une traversée de Pétersbourg à Travemünde; on l'a refait, et depuis cette restauration, il en est à son deuxième voyage. Le souvenir de la catastrophe arrivée pendant le premier, ne laisse pas que de causer quelque appréhension aux passagers. L'histoire de ce naufrage est honorable pour nous à cause de la noble et courageuse conduite d'un jeune Français, qui se trouvait parmi les voyageurs.

C'était la nuit, on voguait dans les parages du Mecklembourg, et le capitaine jouait tranquillement aux cartes avec quelques passagers. Ses amis ont prétendu, pour le justifier, qu'il savait l'accident dont était menacé le vaisseau, mais qu'ayant reconnu, dès le premier moment, que le mal était sans remède, il avait donné en secret l'ordre de s'approcher en toute hâte des côtes du Mecklembourg pour y faire échouer le bâtiment sur un banc de sable, afin d'atténuer le danger. Cependant, ajoutent les mêmes amis, il s'efforçait par son héroïque sang-froid, de prolonger autant que possible la sécurité des passagers, sécurité nécessaire au salut du bâtiment; vous verrez tout à l'heure ce que l'Empereur a pensé de cet effort de courage trop vanté!...

Il y avait plus de trente enfants, et beaucoup de femmes sur le vaisseau. Une dame russe s'aperçut du danger la première; elle jeta l'alarme parmi l'équipage. Le feu avait pris à des pièces de bois, lesquelles par un défaut de construction se trouvaient trop voisines du fourneau qui faisait aller la machine. Déjà la fumée pénétrait jusque dans les cabines des voyageurs. A la première nouvelle d'un péril imminent la terreur fut grande : tout l'équipage poussa le cri sinistre : « Au feu, au feu, sauve qui peut! » On était dans le mois d'octobre, au milieu de la nuit, à plus d'une lieue de terre, et malgré la manœuvre ordonnée, dit-on, par le capitaine, l'on naviguait dans une sécurité profonde, quand on vit l'incendie éclater tout à coup en plusieurs endroits à la fois; au même moment le vaisseau s'engrave dans le sable et le mouvement des roues s'arrête. Un silence lugubre succède aux premières exclamations de la foule : les femmes, les enfants eux-mêmes se taisent, tant la stupeur s'accroît. Malheureusement le banc de sable sur lequel on venait d'échouer ne s'étendait pas jusqu'à la terre ferme, ce bas-fond était en quelque sorte pareil à une île, et séparé du continent par des parties de mer que la profondeur de l'eau ne permettait de franchir qu'en bateau; grâce au ciel le temps était calme.

Tandis qu'une partie des matelots est occupée à faire jouer les pompes et à remplir des seaux destinés à retarder les progrès du feu, le capitaine ordonne de mettre la chaloupe à la mer pour transporter à terre tous les voyageurs. Cette chaloupe était petite, il fallait qu'elle fît bien des voyages avant de pouvoir sauver tout le monde. On décida que les femmes et les enfants seraient débarqués les premiers.

Les plus impatients risquèrent leur vie en se précipitant vers le banc de sable; le jeune Français dont je viens de vous parler sauta l'un des premiers sur ce bas-fond; il n'y demeura pas inactif; faisant l'office de matelot sans y être obligé, il passa plusieurs fois du vaisseau dans la chaloupe et remonta au vaisseau pour aider des femmes et des enfants à s'embarquer. Malgré le danger toujours imminent, il ne sortit définitivement du paquebot embrasé qu'après tous les autres passagers. Pendant les nombreux trajets que son humanité lui fit volontairement accomplir, il sauva plusieurs femmes à la nage; l'excès de la fatigue lui causa plus tard une maladie grave.

Il était attaché, m'a-t-on dit, à la légation de France en Danemarck, et voyageait pour son plaisir. Je ne sais pas son nom, ignorance bien involontaire, car, depuis hier, j'ai demandé ce nom à vingt personnes. Le trait d'humanité de ce jeune homme ne date que d'un an, et son nom est déjà oublié dans les lieux même où il s'est tant distingué par son humanité. Les détails que je viens de vous donner sont d'une grande exactitude.

Il me semble que j'ai assisté à la scène; la femme qui m'a conté le naufrage y était : elle admirait comme les autres le dévouement du jeune Français, et comme les autres, sans doute, elle n'a pas songé à demander comment s'appelait le sauveur de tant de malheureux. Nouvelle preuve qu'en toute occasion, l'ingratitude des obligés sert de lustre et de relief à la vertu du bienfaiteur.

Mais figurez-vous dans ces régions septentrionales la misère de tant de femmes, d'enfants déposés à demi nus sur un point désert de la côte du Mecklembourg par une froide nuit d'automne!

Malgré la force et le dévouement de notre compatriote, secondé de quelques matelots de diverses nations, cinq personnes périrent dans ce naufrage; on attribue leur perte à la précipitation avec laquelle elles s'efforcèrent de sortir du bâtiment incendié. Cependant ce magnifique vaisseau ne fut pas entièrement brûlé : à la fin, on se rendit maître du feu et le nouveau Nicolas 1er sur lequel je vais m'embarquer demain, a été en grande partie reconstruit avec les débris de l'ancien. Des esprits superstitieux craignent que, par quelque fatalité, le malheur ne s'attache encore à ces restes; moi qui ne suis pas marin, je n'ai point cette peur poétique; mais je respecte tous les genres de superstitions inoffensives, comme résultats de ce noble plaisir de croire et de craindre, qui est le fondement de toute piété et dont l'abus même classe l'homme au-dessus de tous les autres êtres de la création.

Après s'être fait rendre un compte détaillé de l'événement, l'Empereur cassa le capitaine qui était russe : ce malheureux fut remplacé par un Hollandais ; mais celui-ci, dit-on, manque d'autorité sur son équipage. Les étrangers ne prêtent guère à la Russie que les hommes dont ils ne veulent pas chez eux. Je saurai demain à quoi m'en tenir sur la valeur de celui-ci. Personne ne juge un commandant plus vite qu'un matelot et qu'un voyageur. L'amour de la vie, cet amour si passionnément raisonné, est un guide sûr pour apprécier tout homme de qui dépend notre existence. Tel qu'il est reconstruit, notre beau vaisseau prend tant d'eau qu'il ne peut remonter jusqu'à Pétersbourg ; nous changerons de bâtiment à Kronstadt, puis deux jours plus tard les voitures nous seront envoyées sur un troisième vaisseau à fond plat. Voilà bien de l'ennui ; mais la curiosité triomphe de tout ; c'est le premier des devoirs pour un voyageur.

Le Mecklembourg est en progrès, une route magnifique conduit de Ludwigslust à Schwerin où le grand-duc actuel a eu le bon esprit de reporter sa résidence. Schwerin est vieux et pittoresque ; un lac, des coteaux, des bois, un palais antique embellissent le paysage, et la ville a des souvenirs ; elle a de plus un air ancien, un aspect pittoresque : tout cela manque à Ludwigslust.

Mais voulez-vous avoir une idée de la barbarie du moyen âge ? montez en voiture dans cette vieille capitale du grand-duché de Mecklembourg, et faites-vous mener en poste à Lubeck. S'il a plu seulement vingt-quatre heures, vous resterez à moitié chemin ; ce sont des fondrières à s'y perdre. On regrette le sable et les quartiers de roches des environs de Rostock et l'on s'enfonce dans des ornières si creuses qu'on ne peut plus en sortir sans briser sa voiture ou sans verser. Notez que cela s'appelle *la grande route* de Schwerin à Lubeck et qu'elle a seize lieues, ce sont seize lieues de chemin impraticable. Pour voyager sûrement en Allemagne, il faut apprendre le français et ne pas oublier la différence qu'il y a entre une grande route et une chaussée : sortez de la *chaussée*, vous reculez de trois siècles.

Ce chemin m'avait pourtant été indiqué par le ministre de *** à Berlin, et même d'une façon assez plaisante : « Quelle route me conseillez-vous de prendre pour aller à Lubeck? » lui disais-je. Je savais qu'il venait de faire ce voyage.

« Elles sont toutes mauvaises, » me répondit le diplomate, « mais je vous conseille celle de Schwerin.

— Ma voiture, » lui repartis-je, « est légère et si elle vient à casser je manquerai le départ du paquebot. Si vous connaissiez une meilleure route, je la prendrais, fût-elle plus longue.

— Tout ce que je puis vous dire, » répliqua-t-il d'un ton officiel, « c'est que j'ai indiqué celle-ci à monseigneur *** (le neveu de son souverain); vous ne sauriez donc faire mieux que de la suivre.

— Les voitures des princes, » repris-je, « ont peut-être des priviléges comme leurs personnes. Les princes ont des corps de fer, et je ne voudrais pas vivre un jour comme ils vivent toute l'année. »

On ne me répondit pas à ce mot, que j'aurais cru fort innocent, s'il n'eût paru séditieux à *l'homme d'État* allemand.

Ce grave et prudent personnage, tout contristé de mon excès d'audace, s'éloigna de moi aussitôt qu'il put le faire sans trop de franchise. Quelle excellente pâte d'homme! Il est certains Allemands qui sont nés sujets; ils étaient courtisans avant d'être hommes.

Je ne puis m'empêcher de me moquer de leur obséquieuse politesse, tout en la préférant de beaucoup à la disposition contraire que je blâme chez les Français. Mais le ridicule aura toujours les premiers droits sur mon esprit, rieur en dépit de l'âge et de la réflexion. Au reste, une route, une vraie grande route ne tardera pas à être ouverte entre Lubeck et Schwerin.

La charmante baigneuse de Travemünde, que nous appelions *la Monna Lise*, est mariée; elle a trois enfants. J'ai été la voir dans son ménage, et ce n'est pas sans une tristesse mêlée de timidité que j'ai passé le seuil modeste de sa nouvelle demeure; elle m'attendait, et avec la coquetterie de cœur qui vous rappellera les gens du Nord, froids, mais attachés et sensibles, elle avait mis à son cou le foulard que je lui ai donné, il y a dix ans, jour pour jour, le 5 *juillet* 1829..... Figurez-vous qu'à trente-quatre ans cette charmante créature a déjà la goutte!.... On voit qu'elle a été belle!... voilà tout. La beauté non appréciée passe vite : elle est inutile. Lise a un mari affreusement laid, et trois enfants, dont un garçon de neuf ans, qui ne sera jamais beau. Ce jeune rustre, bien élevé à la manière du pays, est entré dans la chambre la tête baissée, le regard vague, errant, et pourtant courageux. On voyait qu'il aurait fui l'étranger par timidité, non par peur, si la crainte d'être réprimandé par sa mère ne l'eût arrêté. Il nage comme un poisson, et il s'ennuie dès qu'il n'est pas dans l'eau, ou au moins sur l'eau en bateau. La maison qu'ils habitent est à eux ; ils paraissent à leur aise ; mais que le cercle où tourne la vie d'une telle famille est étroit ! En voyant ce père, cette mère et ces trois enfants, et en me rappelant ce qu'était Lise il y a dix ans, il me semblait que l'énigme de l'existence humaine s'offrait pour la première fois à ma pensée. Je ne pouvais respirer dans cette petite case, qui pourtant est propre et soignée : je suis sorti pour aller chercher un air libre. Je voyais là les heureux du pays, et je me répétais tout bas mon refrain : « Où il n'y a que le nécessaire il n'y a rien. » Heureuse l'âme qui demande le reste à la religion !..... Mais la religion des protestants ne donne elle-même que le nécessaire.

Depuis que cette belle créature est liée au sort commun, elle vit sans peine, mais sans plaisir, ce qui me semble la plus grande des peines. Le mari ne va pas à la pêche pendant l'hiver. La femme a rougi en me faisant cet aveu, qui m'a causé un secret plaisir. Ce mari, si laid, n'est pas courageux; mais Lise a repris, comme pour répondre à ma pensée : « Mon fils ira bientôt. » Elle m'a montré, suspendue au fond de la chambre, une grosse pelisse de peau de mouton, doublée de sa laine, destinée au premier voyage de ce vigoureux enfant de la mer.

Je ne reverrai jamais, du moins je l'espère, *la Monna Lise* de Travemünde.

Pourquoi faut-il que la vie réelle ressemble si peu à la vie de l'imagination ? A quelle fin nous est-elle donc donnée, cette imagination.... inutile? Que dis-je, inutile; nuisible? Mystère impénétrable et qui ne se dévoile qu'à l'espérance, encore par lueurs fugitives ! L'homme est un forçat aveugle, châtié, non corrigé. On l'enchaîne pour un crime qu'il ignore; on lui inflige le supplice de la vie, c'est-à-dire de la mort; il vit et meurt dans les fers, sans pouvoir obtenir qu'on le juge, ni même qu'on lui dise de quoi il est accusé. Ah ! quand on voit la nature si arbitraire, faut-il s'étonner du peu de justice des sociétés? Pour apercevoir l'équité ici-bas, il faut les yeux de la foi qui pénètrent au delà de ce monde. La justice n'habite pas dans l'empire du temps. Creusez dans la nature, vous arrivez bien vite à la fatalité. Une puissance qui se venge de ce qu'elle fait, est bornée; mais les bornes, qui les a posées? contre qui, et pourquoi? Plus le mystère est incompréhensible, plus le triomphe de la foi est grand et nécessaire!...

SOMMAIRE DE LA LETTRE CINQUIÈME.

Nuits polaires. — Influence du climat sur la pensée humaine. — Montesquieu et son système. — Je lis sans lumière à minuit. — Nouveauté de ce phénomène. — Récompense des fatigues du voyage. — Paysages du Nord. — Accord des habitants avec le pays. — Aplatissement de la terre près du pôle. — On croit approcher du sommet des Alpes. — Côtes de Finlande. — Effets d'optique, rayons obliques du soleil. — Terreur poétique. — Mélancolie des peuples du Nord. — Conversation sur le bateau à vapeur. — Mal de mer dissipé par la mer. — Mon domestique. — Éloquence d'une femme de chambre citée par Grimm. — Arrivée du prince K*** sur le bateau à vapeur. — Son portrait, sa manière de faire connaissance. — Définition de la noblesse. — Différence qu'il y a entre les notions anglaises et nos idées sur ce sujet. — Le prince D***. — Son portrait. — Anecdote sur la noblesse anglaise. — L'Empereur Alexandre et son médecin en Angleterre. — L'Empereur ne comprend pas la noblesse à l'anglaise. — Ton de la société russe. — Le prince K*** défend contre moi le gouvernement de la parole. — Par quoi on mène les hommes. — Canning. — Napoléon. — L'action plus persuasive que la parole. — Entretien confidentiel. — Coup d'œil sur l'histoire de Russie. — Pourquoi les Russes sont ce qu'ils sont. — Héros de leurs temps fabuleux. — Ils n'ont rien de chevaleresque. — Ils ont payé tribut aux mahométans auxquels les occidentaux avaient fait la guerre. — Ce qu'est l'autocratie. — Les princes russes ont fait dans l'esclavage l'apprentissage de la tyrannie. — Le servage se légalisait en Russie quand on l'abolissait dans le reste de l'Europe. — Rapport qu'il y a entre mes opinions et celles du prince K***.—La politique et la religion ne font qu'un en Russie. — Avenir de ce pays et du monde. — Paris détrôné par la piété de la génération qui s'avance. — Il aurait le sort de l'ancienne Grèce. — Récit que le prince et la princesse D*** nous font de leur séjour à Greiffenberg. — Cure par l'eau froide. — Le prince se fait arroser en notre présence. — Fanatisme du néophyte. — La princesse L***. — Le vaisseau de sa fille et le sien se croisent au milieu de la mer Baltique. — Bon goût des personnes du grand monde en Russie. — La France d'autrefois. — La faculté du respect, salutaire aux productions de l'esprit. — Portrait d'un voyageur français ex-lancier. — Littérature grivoise. — Pourquoi il amuse les dames russes. — Son genre de mauvais ton ne peut choquer des étrangers. — Plaisir de la traversée. — Société unique. — Chants russes, danses nationales. — Les deux Américains. — Le français des dames russes préférable à celui de beaucoup de polonaises. — Accident survenu à la machine du bateau à vapeur. — Diversité des caractères mise en relief. — Mot des deux princesses. — La fausse alerte. — La joie trahit la peur passée — Histoire romanesque pour la lettre suivante.

LETTRE CINQUIÈME.

Le 8 juillet 1830, écrite *sans lumière à minuit*, à bord du bateau
à vapeur *le Nicolas Ier*, dans le golfe de Finlande.

Nous sommes à la fin du jour d'un mois qui commence, pour ces latitudes, vers le 8 juin, et qui décline vers le 4 juillet. Plus tard, les nuits reparaissent : elles sont d'abord très-courtes, mais déjà marquées ; puis elles s'allongent insensiblement jusqu'à l'équinoxe de septembre. Elles croissent alors avec la même rapidité que les jours au printemps, et bientôt elles enveloppent de ténèbres le nord de la Russie, Pétersbourg, la Suède, Stockholm et tous les alentours du cercle polaire arctique. Pour les contrées renfermées dans ce cercle, l'année se partage en un jour et une nuit de six mois chacun, y compris deux crépuscules plus ou moins prolongés, selon que le lieu est plus ou moins éloigné du pôle. L'obscurité peu profonde de l'hiver dure autant qu'a duré le jour douteux et mélancolique de l'été.

Aujourd'hui je ne puis me distraire de l'admiration que me cause le phénomène d'une nuit du pôle, à peu près aussi claire que le jour. Je me sens hors du monde que j'ai habité jusqu'à présent; rien, dans mes voyages, ne m'a plus intéressé que la diversité de mesure dans la dispensation de la lumière aux différentes parties du globe. A la fin de l'année, tous les points de la terre ont vu le soleil pendant un même nombre d'heures; Mais quelle différence entre les journées! quelle variété de température et de couleurs! Le soleil, dont les feux tombent d'à-plomb sur la terre, et le soleil qui ne donne que des rayons obliques, n'est pas le même astre, du moins à en juger par les effets.

Pour moi, dont la vie tient de celle des plantes, je reconnais qu'il y a une sorte de fatalité dans les latitudes, et j'accorde volontiers à la théorie de Montesquieu un respect motivé par l'influence que le ciel exerce sur ma pensée. Mon humeur et mes facultés sont tellement soumises à l'action du climat, que je ne puis douter de ses résultats sur la politique. Seulement, le génie de Montesquieu a poussé trop loin les conséquences d'une action, réelle en certains cas, mais exagérée par le système de l'écrivain. L'écueil de la supériorité c'est l'opiniâtreté : ces grands esprits ne voient que ce qu'ils veulent; le monde est en eux; ils comprennent tout, hors ce qu'on leur dit.

Depuis une heure environ, j'ai vu le soleil s'enfoncer dans la mer, entre le nord nord-ouest et le nord; il a laissé derrière lui une longue traînée lumineuse qui suffit encore pour m'éclairer à l'heure qu'il est, et qui me permet de vous écrire sans lumière sur le tillac, pendant que les passagers sont endormis; et quand j'interromps ma lettre en regardant autour de moi, j'aperçois déjà vers le nord nord-est les premières teintes de l'aube matinale; hier n'est pas fini, demain commence. Cette solennité polaire est pour moi la récompense de tous les ennuis du voyage. Dans ces régions du globe, le jour est une aurore sans terme et qui ne tient jamais ce qu'elle promet. Ces lueurs qui n'amènent rien, mais qui ne finissent pas, m'agitent et m'étonnent. Ce singulier crépuscule ne précède ni la nuit, ni le jour; car ce qu'on appelle de ces noms dans les contrées méridionales, n'existe réellement pas ici. On oublie la magie de la couleur, la religieuse obscurité des nuits, et l'on ne croit plus aux merveilles de ces climats bénis, où le soleil a toute sa puissance. Ce n'est plus le monde des peintres : c'est la nature des dessinateurs. On se demande où l'on est, où l'on va; la clarté du jour diminue d'intensité en se répandant partout également; où l'ombre perd sa force la lumière pâlit; la nuit, il ne fait pas noir; mais au grand jour il fait gris. Le soleil du nord est une lampe d'albâtre qui tourne incessamment, suspendue à hauteur d'appui entre le ciel et la terre.

Cette lampe allumée, sans interruption, pendant des semaines, des mois, répand indistinctement ses teintes mélancoliques sous la voûte qu'elle blanchit à peine; rien n'est éclatant, mais tout est visible; la nature illuminée avec cette pâleur, égale partout, ressemble au rêve d'un poëte en cheveux blancs. C'est Ossian qui ne se souvient plus de ses amours, et qui n'entend que la voix des tombeaux.

L'aspect de tous ces sites sans relief, de ces lointains sans plans, de ces horizons sans accidents et peu distincts, de ces lignes à demi effacées; toute cette confusion de formes et de tons, me plonge dans une rêverie douce dont le réveil pacifique est aussi près de la mort que de la vie. A son tour l'âme reste suspendue entre le jour et la nuit, entre la veille et le sommeil; elle n'a pas de vives joies: les transports de la passion lui manquent; mais l'inquiétude des désirs violents n'existe pas pour elle; si l'on n'est point exempt d'ennui, on est libre de peines: une quiétude perpétuelle s'empare du cœur et du corps, et se retrouve en image dans cette lumière indifféremment paresseuse qui répand également sa mortelle froideur, le jour et la nuit, sur les mers et sur les terres confondues par les neiges du pôle, et nivelées sous le pied pesant des hivers.

La lumière de ces plates régions est bien celle qui convient aux yeux bleus de fayence, et qui sympathise avec les traits peu marqués, les cheveux cendrés, l'imagination timidement romanesque des femmes du Nord : ces femmes rêvent éternellement ce que les autres font; et c'est pour elles surtout qu'on peut dire que la vie est le songe d'une ombre.

Aux approches des régions boréales, il vous semble gravir au plateau d'une chaîne de glaciers; plus vous avancez, plus cette illusion est près de se réaliser: c'est le globe lui-même que vous escaladez, la terre est votre montagne. Au moment d'atteindre le sommet de cette Alpe immense, vous retrouvez ce que vous avez senti moins vivement en montant les autres Alpes; les rochers s'abaissent, les précipices se comblent; les populations fuient derrière vous, le monde habitable est sous vos pieds, vous touchez au pôle : vue de cette hauteur, la terre s'amoindrit; mais la mer s'élève tandis que les côtes s'aplatissent et forment autour de vous, un cercle à peine marqué et qui va toujours en s'abaissant; vous montez, vous montez, comme au sommet d'une coupole : ce dôme c'est le monde dont Dieu est l'architecte. De là vos regards planent sur des mers glacées, sur des champs de cristal, et vous vous croyez transporté dans le séjour des bienheureux, parmi les anges, immuables habitants d'un ciel inaltérable. Voilà ce que j'éprouve en avançant vers le golfe de Bothnie dont la partie septentrionale touche à Torneo.

Les côtes de la Finlande réputées montagneuses ne me paraissent qu'une suite de petites collines imperceptibles : tout se perd dans le vague et le vide des horizons brumeux. Ce ciel impénétrable ne laisse pas aux objets leurs vivantes couleurs : tout se ternit, tout se modifie sous cette voûte de nacre. Les vaisseaux qui glissent à l'horizon s'y détachent en noir; car les lueurs du crépuscule perpétuel qu'on appelle ici le jour miroitent à peine sur la moire des eaux, elles n'ont pas la force de dorer la voilure d'un bâtiment lointain : les agrès des navires qu'on voit cingler au nord, loin de briller comme ils brilleraient sur d'autres mers, se dessinent légèrement en noir contre le rideau grisâtre du ciel qui ressemble à une toile tendue pour une représentation d'ombres chinoises. J'ai honte de le dire, mais dans le nord le spectacle de la nature, tout grand qu'il est, me rappelle malgré moi une immense lanterne magique dont la lampe éclairerait mal et dont les verres seraient usés. Je n'aime pas les comparaisons qui rappetissent; mais à tout prix il faut tâcher de rendre ce qu'on sent. L'enthousiasme est plus commode à exprimer que le dénigrement; toutefois pour être vrai, il faut peindre et définir l'un et l'autre.

A l'entrée de ces déserts blanchis, une terreur poétique vous saisit : vous vous arrêtez effrayé sur le seuil du palais de l'hiver habité par le temps; près d'avancer dans ce séjour des froides illusions, des songes encore brillants non plus dorés, mais argentés, une tristesse indéfinissable vous saisit; votre pensée défaillante ne produit plus; et son inutile travail ressemble aux formes indécises des nuages pailletés dont vos yeux sont éblouis.

Si vous revenez à vous, c'est pour partager la

mélancolie jusqu'alors incompréhensible des peuples du Nord et pour sentir, comme ils le sentent, le charme de leur monotone poésie. Cette initiation aux douceurs de la tristesse est douloureuse; c'est un plaisir pourtant : vous suivez lentement, au bruit des tempêtes, le char de la mort en chantant des hymnes de regret et d'espérance : votre âme en deuil se prête à toutes les illusions, elle sympathise avec les objets dont vos yeux sont frappés. L'air, la brume, l'eau, tout vous cause une impression nouvelle, soit à l'odorat, soit au tact; il y a quelque chose d'étrange dans vos sensations; elles vous disent que vous approchez des dernières limites du monde vivant; la zone glaciale est là devant vous et le vent du pôle vous pénètre jusqu'au cœur. Ce n'est pas doux; c'est curieux et nouveau.

Je ne puis me consoler d'avoir été retenu si tard cet été par ma santé à Paris et à Ems : si j'avais suivi mon premier plan de voyage, je serais maintenant en Laponie, sur les bords de la mer Blanche bien au delà d'Archangel; mais vous le voyez, je crois y être : c'est la même chose....

Quand je retombe du haut de mes illusions, je me retrouve non pas marchant terre à terre, mais voguant sur le bateau à vapeur le Nicolas 1ᵉʳ dont je vous ai conté le naufrage : un des plus beaux et des plus commodes bâtiments de l'Europe; et je m'y retrouve au milieu de la société la plus élégante que j'aie rencontrée depuis longtemps.

Celui qui pourrait noter dans le style de Boccace les conversations auxquelles j'ai pris une part bien modeste depuis trois jours, ferait un livre aussi brillant, aussi amusant que le Decameron et presqu'aussi profond que La Bruyère. Mes récits ne vous en donneraient qu'une idée imparfaite; je veux pourtant essayer.

Souffrant depuis longtemps, j'étais malade à Travemünde, si malade que, le jour du départ, j'ai pensé renoncer au voyage. Cependant ma voiture était embarquée depuis la veille. Onze heures du matin venaient de sonner, et nous devions appareiller à trois heures après midi. Je sentais le frisson de la fièvre parcourir mes veines, et je craignais d'augmenter le mal de cœur qui me tourmentait, par le mal de mer qui me menaçait. Que ferai-je à Pétersbourg, à huit cents lieues de chez moi, si j'y tombe sérieusement malade? me disais-je. Pourquoi causer cette peine à mes amis, quand je puis la leur épargner?

S'embarquer avec la fièvre pour un voyage de

long cours, n'est-ce pas de la démence? Mais n'est-ce pas une folie plus ridicule encore que de reculer devant le dernier pas, et de faire rapporter ma voiture à terre, au grand étonnement de tout le pays? Que dire aux habitants de Travemünde? comment expliquer ma résolution tardive à mes amis de Paris?

Je suis peu habitué à me laisser diriger par des considérations de cette nature; mais j'étais malade et surtout faible : il eût fallu, pour m'arrêter en chemin, une résolution forte; pour continuer, il ne fallait que du laisser-aller.

Le frisson redoublait pourtant; une angoisse, une langueur inexplicable m'avertissaient de la nécessité du repos : un profond dégoût pour les aliments, une vive douleur de tête et de côté me faisaient redouter une traversée de quatre jours. Je ne la supporterai pas, me disais-je; ne suis-je pas insensé d'affronter tous les inconvénients de la mer, dans la disposition où je me trouve? Mais changer de projets est ce qui coûte le plus aux malades..... comme aux autres hommes.

Les eaux d'Ems m'ont guéri; mais c'est en substituant un mal à un autre. Pour me guérir de cette seconde maladie, il faudrait du repos.

LETTRE CINQUIÈME.

Que de raisons pour ne pas aller en Sibérie! J'y vais pourtant.

Je ne savais vraiment plus quel parti prendre pour sortir d'une situation plus que pénible, puisqu'elle était ridicule.

Enfin, je me décide à jouer, à croix ou pile, une vie que je ne sais plus diriger, et comme on met sa bourse sur une carte, j'appelle mon domestique, bien déterminé à faire ce qu'il décidera. Je lui demande conseil.

« Il faut continuer, répond-il; nous sommes si près.

— D'ordinaire vous craignez la mer!

— Je la crains encore; mais, à la place de monsieur, je ne voudrais pas reculer après avoir fait charger ma voiture sur le vaisseau.

— Pourquoi craignez-vous de reculer, et ne craignez-vous pas de me rendre sérieusement malade? » — Point de réponse.

« Dites-moi donc pourquoi vous voulez continuer?

— Parce que!!!

— A la bonne heure!!!... Eh bien! d'après cela, partons.

— Mais si vous devenez plus malade, reprend cet excellent homme qui commence à s'effrayer de la responsabilité qui va peser sur lui, je me reprocherai votre imprudence.

— Si je suis malade, vous me soignerez.

— Cela ne vous guérira pas.

— N'importe!! Nous allons partir. »

L'éloquence de mon domestique ne ressemblait pas mal à celle d'une femme de chambre dont parle Grimm. Une autre femme de chambre mourante était rebelle à toutes les exhortations de sa famille, de sa maîtresse et des prêtres. On appelle une ancienne camarade : celle-ci dit quelques mots, et la moribonde, parfaitement docile, se hâte de remplir, avec une résignation et une ferveur édifiantes, tous ses devoirs religieux. Ces mots, les voici : Quoi donc? Eh bien donc! Fi donc! Allons donc! Mademoiselle!

Persuadé comme cette demoiselle mourante, j'étais à trois heures sonnantes sur le vaisseau encore à l'ancre, apportant dans le bâtiment le frisson, le mal de cœur, et un inexprimable regret de l'acte de faiblesse dont je me rendais coupable. Mille pressentiments funestes m'assaillirent, et j'arrangeais malgré moi d'avance toutes les scènes lugubres que ces pressentiments m'annonçaient.

On lève l'ancre : je baisse la tête et me couvre les yeux de ma main, dans un accès de désespoir stupide. A peine les roues ont-elles commencé à tourner, qu'il se fait en moi une révolution aussi soudaine, aussi complète qu'inexplicable. Vous me croirez, car vous êtes habitué à me croire; d'ailleurs, quel motif aurais-je d'inventer une histoire qui n'a pour elle que la vérité? Vous me croirez donc; et si je publie ceci, mes lecteurs me croiront comme vous, sachant que je me trompe quelquefois, mais que je ne mens jamais. Bref, les douleurs, les frissons se dissipent; la tête s'éclaircit; la maladie s'évanouit comme une vapeur, et je me trouve subitement en parfaite santé. Ce coup de baguette m'a tellement surpris, que je n'ai pu me refuser le plaisir de vous en décrire les effets. La mer m'a guéri du mal de mer : ceci s'appelle de l'homéopathie en grand.

A la vérité, depuis que nous sommes embarqués le temps n'a pas cessé d'être admirable...

Près de quitter Travemünde, au plus fort de mes angoisses et comme on allait lever l'ancre je vis arriver sur le bâtiment où j'étais venu m'établir d'avance, un homme âgé, très-gros : il se soutenait avec peine sur ses deux jambes énormément enflées; sa tête bien posée entre ses larges épaules me parut noble, c'était le portrait de Louis XVI. J'appris bientôt qu'il était russe, descendant des conquérants Varegues et par conséquent de la plus ancienne noblesse; il s'appelait le prince K***.

En le voyant se traîner péniblement vers un tabouret, et s'appuyer sur le bras de son secrétaire, j'avais pensé d'abord : voilà un triste compagnon de voyage; mais en l'entendant nommer, je me rappelai que je le connaissais de réputation depuis longtemps et je me reprochai l'incorrigible manie de juger sur l'apparence.

A peine assis, ce vieillard à la physionomie ouverte, au regard fin, quoique noble et sincère, m'apostrophe par mon nom. Interpellé si brusquement je me lève avec surprise, mais sans répondre : le prince continue de ce ton de grand seigneur, dont la simplicité parfaite exclut toute cérémonie à force de vraie politesse.

« Vous qui avez vu à peu près l'Europe entière, me dit-il; vous serez de mon avis, j'en suis sûr.

— Sur quoi, prince?

— Sur l'Angleterre. Je disais au prince *** que voici (en m'indiquant du doigt, sans autre présentation, l'homme avec lequel il causait), qu'il n'y a pas de noblesse chez les Anglais. Ils ont des titres et des charges; mais l'idée que nous attachons à la vraie noblesse, à celle qui ne peut ni se donner, ni s'acheter, leur est étrangère. Un souverain peut faire des princes; l'éducation, les circonstances, le génie, la vertu, peuvent faire des héros; rien de tout cela ne saurait produire un gentilhomme.

— Prince, répliquai-je, la noblesse, comme on l'entendait autrefois en France, et comme nous l'entendons vous et moi ce me semble aujourd'hui, est devenue une fiction et l'a toujours été peut-être. Vous me rappelez le mot de M. de Lauraguais, qui disait, en revenant d'une assemblée de maréchaux de France : « Nous étions douze ducs et pairs; mais il n'y avait que moi de gentilhomme. »

— Il disait vrai, reprit le prince. Sur le continent, le gentilhomme seul est regardé comme noble, parce que, dans les pays où la noblesse est encore quelque chose, elle tient au sang et non à la fortune, à la faveur, au talent, aux emplois; c'est le produit de l'histoire; et, de même qu'en physique, l'époque de la formation de certains métaux paraît être passée, de même, en politique, la période de la création des familles nobles est finie. Voilà ce que les Anglais ne veulent pas comprendre.

— Il est certain, répliquai-je, que tout en conservant l'orgueil de la féodalité, ils ont perdu le sens des institutions féodales. En Angleterre, la chevalerie a été subjuguée par l'industrie, qui a bien consenti de se loger dans une constitution baroniale; mais à condition que les anciens priviléges attribués aux noms fussent mis à portée des familles nouve Par cette révolution sociale, résultat d'une suite de révolutions politiques, les droits héréditaires n'étant plus attachés aux races, se sont trouvés transférés aux personnes, aux emplois et aux terres. Jadis le guerrier ennoblissait le sol qu'il avait conquis, aujourd'hui c'est la possession de la terre qui constitue le seigneur; et ce qu'on appelle la noblesse en Angleterre, me fait l'effet d'un habit doré dont tout homme peut se revêtir, pourvu qu'il soit assez riche pour le payer. Cette aristocratie de l'argent est très-différente, sans doute, de l'aristocratie du sang; le rang acheté dénote l'intelligence et l'activité de l'homme, le rang hérité atteste la faveur de la Providence. La confusion des idées sur les

LETTRE CINQUIÈME.

deux aristocraties, celle de l'argent et celle de la naissance, est telle en Angleterre, que les descendants d'une famille historique, s'ils sont pauvres et sans titre, vous disent : nous ne sommes pas nobles ; tandis que *Milord* ***, petit-fils d'un tailleur, fait, en sa qualité de membre de la chambre des pairs, partie de la haute aristocratie du pays. Ajoutez à cette bizarrerie les substitutions de noms transmis par les femmes, et vous tomberez dans une confusion dont les étrangers ne peuvent se tirer[1].

— Je savais bien que nous étions d'accord », reprit le prince avec une gravité gracieuse qui lui est particulière.

Vous comprenez que j'ai resserré en peu de lignes cette première conversation ; mais je vous en ai donné le résumé.

Frappé de cette manière facile de faire connaissance, et délivré comme par magie du mal qui m'avait tourmenté jusqu'au moment d'appareiller, je me mis à examiner le compatriote du prince K***, le prince D***, dont le grand nom historique avait d'abord attiré mon attention. Je vis un homme

[1] Une des principales causes du malentendu, c'est que beaucoup de gens croient que les mots *gentleman* et *gentilhomme* sont synonymes.

jeune encore, au teint plombé, à l'œil souffrant, mais au front bombé, à la taille élevée, noble; sa figure régulière était en accord avec la froideur de ses manières, et cette harmonie ne manquait pas d'agrément.

Le prince K*** qui ne laisse jamais tomber la conversation et qui se plaît à traiter à fond les sujets qui l'intéressent, reprit après un instant de silence :

« Pour vous prouver que les Anglais et nous, nous n'avons point du tout la même manière de définir la noblesse, je veux vous conter une petite anecdote qui vous paraîtra peut-être plaisante.

« En 1814 j'accompagnais l'Empereur Alexandre dans son voyage à Londres. A cette époque Sa Majesté m'honorait d'une assez grande confiance, et je dus à ma faveur apparente beaucoup de marques de bonté de la part du prince de Galles [1]. Ce prince me prit un jour à part et me dit: « Je voudrais faire quelque chose qui fût agréable à l'Empereur; il paraît aimer beaucoup le médecin qui l'accompagne : pourrais-je accorder à cet homme une faveur qui fît plaisir à votre maître ?

— Oui, Monseigneur, répondis-je.

— Quoi donc ?

[1] Alors régent, plus tard Roi, sous le nom de George IV.

LETTRE CINQUIÈME.

— La noblesse. »

« Le lendemain, le docteur ** fut nommé knight (chevalier).

« L'Empereur se fit expliquer d'abord par moi, et depuis par bien d'autres, ce que c'était que cette distinction qui valait à son médecin le titre de sir et à la femme du sir, celui de lady ; mais malgré sa perspicacité qui était grande, il est mort sans avoir pu comprendre nos explications, ni la valeur de la nouvelle dignité conférée à son docteur. Il m'en a encore parlé dix ans plus tard à Pétersbourg.

« L'ignorance de l'Empereur Alexandre, répondis-je, est justifiée par celle de bien d'autres hommes d'esprit, à commencer par la plupart des romanciers étrangers qui veulent mettre en scène des personnes de la société anglaise. »

Cette histoire contée avec une élégance de ton, une grâce de manières, une simplicité de gestes, une expression de physionomie, un son de voix qui ajoutent de la finesse aux moindres paroles, en décelant plus d'esprit que celui qui parle ne semble en vouloir montrer, nous mit tous de bonne humeur et servit de prélude à une conversation qui dura plusieurs heures.

Nous passâmes en revue la plupart des choses et

des personnes remarquables de ce monde et surtout de ce siècle : je recueillis une foule d'anecdotes, de portraits, de définitions, d'aperçus fins qui jaillissaient involontairement du fond de l'entretien et de l'esprit naturel et cultivé du prince K*** ; ce plaisir rare et délicat me fit rougir du premier jugement que j'avais porté sur lui en voyant arriver un vieux goutteux dans notre vaisseau. Jamais heures ne passèrent plus vite que ce temps presqu'uniquement employé par moi à écouter. J'étais instruit autant qu'amusé.

Le ton du grand monde en Russie est une politesse facile dont le secret s'est à peu près perdu chez nous. Il n'y eut pas jusqu'au secrétaire du prince K*** qui, quoique Français, ne me parût réservé, modeste, exempt de vanité et dès lors supérieur aux soucis de l'amour-propre, aux mécomptes de la vanité.

Si c'est là ce qu'on gagne à vivre sous le despotisme, vive la Russie¹. Comment les manières

¹ L'auteur s'en rapporte au lecteur de bonne foi pour accorder ses apparentes contradictions ; apprendre, c'est se contredire ; et de ces divers retours qu'on fait sur les choses et sur soi-même sort une opinion définitive la plus raisonnable qu'il soit possible d'indiquer ; la formuler définitivement appartient au philosophe, mais le

élégantes pourraient-elles subsister dans un pays où l'on ne respecte rien, puisque le bon ton n'est que le discernement dans les témoignages du respect? Recommençons à montrer du respect pour ce qui a droit à notre déférence; nous redeviendrons naturellement et pour ainsi dire involontairement polis.

Malgré la réserve que je mettais dans mes réponses au prince K***, l'ancien diplomate fut bientôt frappé de la direction de mes idées : « Vous n'êtes ni de votre pays, ni de votre temps, me dit-il ; vous êtes l'ennemi de la parole comme levier politique.

— C'est vrai, lui répliquai-je, tout autre moyen de découvrir la valeur des hommes, me paraîtrait préférable à la parole publique dans un pays où l'amour-propre est aussi facile à éveiller qu'il l'est dans le mien. Je ne crois pas qu'il se trouve en France beaucoup d'hommes d'un caractère assez ferme pour ne pas sacrifier leurs opinions les plus chères au désir de faire dire qu'ils ont débité un beau discours.

— Cependant, reprit le prince russe libéral, .oyageur doit rester dans son rôle ; il y a un degré de conséquence qui n'est qu'à la portée du mensonge : ce n'est pas à celui-là que j'aspire.

tout est dans la parole : l'homme tout entier et quelque chose de supérieur à lui-même se révèle dans le discours : la parole est divine !

— Je le crois comme vous, répliquai-je, et voilà pourquoi je crains de la voir prostituer.

— Quand un talent comme celui de monsieur Canning, reprit le prince, captivait l'attention des premiers hommes de l'Angleterre et du monde, la parole politique était quelque chose, Monsieur.

— Quel bien a produit ce brillant génie ? Et quel mal n'eût-il pas fait, s'il eût eu pour auditeurs des esprits faciles à enflammer ? La parole employée dans l'intimité comme un moyen de persuasion, la parole secrètement appliquée à changer la direction des idées, à diriger la conduite d'un homme ou d'un petit nombre d'hommes, me paraît utile soit comme auxiliaire, soit comme contre-poids du pouvoir; je la crains dans une assemblée politique nombreuse et dont les délibérations sont publiques. Elle y fait souvent triompher les vues courtes et les idées communes aux dépens des pensées élevées et des plans profondément médités. Imposer aux nations le gouvernement des majorités, c'est les soumettre à la médiocrité. Si tel n'est pas votre but, vous avez tort de vanter le gouvernement de la parole. La politique du grand nombre est presque toujours timide, avare et mesquine; vous m'opposez l'exemple de l'Angleterre : je vous dirai que ce pays n'est pas ce qu'on croit qu'il est : il est vrai que dans les chambres on décide les questions à la majorité, mais cette majorité du parlement représente l'aristocratie du pays qui depuis longtemps n'a cessé qu'à de bien courts intervalles de diriger l'État. D'ailleurs à combien de mensonges la forme parlementaire n'a-t-elle pas fait descendre les chefs de cette oligarchie masquée?... Est-ce là ce que vous enviez à l'Angleterre?

— Il faut pourtant mener les hommes par la peur ou par la persuasion.

— D'accord, mais l'action est plus persuasive que la parole. Jugez-en par la monarchie prussienne : jugez-en par Bonaparte; de grandes choses se sont accomplies sous son règne. Or Bonaparte, à son début, a gouverné par la persuasion autant et plus que par la force, et pourtant son éloquence qui était grande ne s'adressait qu'aux individus; il n'a jamais parlé aux masses que par des faits; voilà comment on frappe l'imagination des hommes sans abuser des dons de Dieu : discuter la loi en public, c'est ôter d'avance à la loi le respect qui fait sa puissance.

— Vous êtes un tyran.

— Au contraire, je crains les avocats et leur écho, le journal, qui n'est qu'une parole dont le retentissement dure vingt-quatre heures; voilà les tyrans qui nous menacent aujourd'hui.

— Venez chez nous; vous apprendrez à en redouter d'autres.

— Vous avez beau faire, ce n'est pas vous, prince, qui parviendrez à me donner mauvaise opinion de la Russie.

— N'en jugez, ni par moi, ni par aucun des Russes qui ont voyagé; avec notre naturel flexible nous devenons cosmopolites dès que nous sortons de chez nous, et cette disposition d'esprit est déjà une satire contre notre gouvernement!!... »

Ici, malgré l'habitude qu'il a de parler franc sur toutes choses, le prince eut peur de moi, de lui-même, surtout des autres; et il se jeta dans des aperçus assez vagues.

Je ne me fatiguerai pas inutilement la mémoire à vous reproduire les formes d'un dialogue devenu trop peu sincère pour qu'il pût ajouter au fond des idées par l'expression. Plus tard, le prince profita d'un moment de solitude pour achever de me développer son opinion sur le caractère des hommes et des institutions de son pays. Voici à peu près ce que j'ai retenu de ses déductions :

« La Russie est à peine aujourd'hui à quatre cents ans de l'invasion des barbares; tandis que l'Occident a subi la même crise depuis quatorze siècles : une civilisation de mille ans plus ancienne met une distance incommensurable entre les mœurs des nations.

« Bien des siècles avant l'irruption des Mongols, les Scandinaves envoyèrent aux Slaves, alors tout à fait sauvages, des chefs qui régnèrent à Novgorod la grande, et à Kiew, sous le nom de Varegues; ces héros étrangers venus avec une troupe peu nombreuse, sont les premiers princes des Russes, et leurs compagnons sont la souche de la noblesse la plus ancienne du pays. Les princes Varègues, espèce de demi-dieux, ont policé cette nation alors nomade. Dans le même temps, les empereurs et les patriarches de Constantinople lui donnaient le goût de leurs arts et de leur luxe. Telle fut, si vous me passez l'expression, la première couche de civilisation qui s'est abîmée sous les pieds des

Tatars, lors de l'arrivée de ces nouveaux conquérants en Russie.

« De grandes figures de saints et de saintes qui sont les législateurs des peuples chrétiens, brillent dans les temps fabuleux de la Russie. Des princes puissants par leurs féroces vertus ennoblissent la première époque des annales slaves. Leurs noms traversent cette profonde obscurité comme des étoiles percent les nuages pendant une nuit orageuse. Or, le seul son de ces noms bizarres réveille l'imagination et fait appel à la curiosité. Rurick, Oleg, la reine Olga, saint Wladimir, Swiatopolk, Monomaque, sont des personnages dont le caractère ne ressemble pas plus que le nom à celui de nos grands hommes de l'occident.

« Ils n'ont rien de chevaleresque, ce sont des rois bibliques : la nation qu'ils ont rendue glorieuse est restée voisine de l'Asie ; ignorant nos idées romantiques, elle a conservé ses mœurs patriarcales.

« Les Russes n'ont point été formés à cette brillante école de la bonne foi dont l'Europe chevaleresque a su si bien profiter que le mot *honneur* fut longtemps synonyme de fidélité à la parole ; et que *la parole d'honneur* est encore une chose sacrée, même en France où l'on a oublié tant de choses! La noble influence des Chevaliers croisés s'est arrêtée en Pologne avec celle du catholicisme; les Russes sont guerriers, mais pour conquérir; ils se battent par obéissance et par avidité : les Chevaliers Polonais guerroyaient par pur amour de la gloire : ainsi quoique dans l'origine ces deux nations sorties de la même souche eussent entre elles de grandes affinités, le résultat de l'histoire, qui est l'éducation des peuples, les a séparées si profondément qu'il faudra plus de siècles à la politique russe pour les confondre de nouveau, qu'il n'en a fallu à la religion et à la société pour les diviser.

« Tandis que l'Europe respirait à peine des efforts qu'elle avait faits pendant des siècles pour arracher le tombeau de Jésus-Christ aux mécréants, les Russes payaient tribut aux Mahométans sous Usbeck et continuaient cependant à recevoir de l'empire grec, selon leur première habitude, ses arts, ses mœurs, ses sciences, sa religion, sa politique avec ses traditions d'astuce et de fraude, et son aversion pour les croisés latins. Si vous réfléchissez à toutes ces données religieuses, civiles et politiques, vous ne vous étonnerez plus du peu de fond qu'on peut faire sur la parole d'un Russe (c'est le prince russe qui parle), ni de l'esprit de ruse qui s'accorde avec la fausse culture byzantine et qui préside même à la vie sociale sous l'empire des czars, heureux successeurs des lieutenants de Bati.

« Le despotisme complet, tel qu'il règne chez nous, s'est fondé au moment où le servage s'abolissait dans le reste de l'Europe. Depuis l'invasion des Mongols, les Slaves, jusqu'alors l'un des peuples les plus libres du monde, sont devenus esclaves des vainqueurs d'abord, et ensuite de leurs propres princes. Le servage s'établit alors chez eux non-seulement comme un fait, mais comme une loi constitutive de la société. Il a dégradé la parole humaine en Russie, au point qu'elle n'y est plus considérée que comme un piége : notre gouvernement vit de mensonge, car la vérité fait peur au tyran comme à l'esclave. Aussi quelque peu qu'on parle en Russie, y parle-t-on encore trop, puisque dans ce pays tout discours est l'expression d'une hypocrisie religieuse ou politique.

« L'autocratie, qui n'est qu'une démocratie idolâtre, produit le nivellement tout comme la démocratie absolue le produit dans les républiques simples.

« Nos autocrates ont fait jadis à leurs dépens l'apprentissage de la tyrannie. Les grands princes russes, forcés de pressurer leurs peuples au profit des Tatars, traînés souvent eux-mêmes en esclavage jusqu'au fond de l'Asie, mandés à la horde pour un caprice, ne régnant qu'à condition qu'ils serviraient d'instruments dociles à l'oppression, détrônés aussitôt qu'ils cessaient d'obéir, instruits au despotisme par la servitude; ont familiarisé leurs peuples avec les violences de la conquête qu'ils subissaient personnellement[2] : voilà comment, par la suite des temps, les princes et la nation se sont mutuellement pervertis.

« Or, notez la différence, ceci se passait en Russie à l'époque où les rois de l'occident et leurs grands vassaux luttaient de générosité pour affranchir les populations.

« Les Polonais se trouvent aujourd'hui vis-à-vis des Russes absolument dans la position où étaient ceux-ci vis-à-vis des Mongols sous les successeurs

---

[1] Chez les Russes le souverain s'est appelé longtemps *Grand-Prince*.

[2] L'engourdissement prolongé des Slaves est la conséquence de ces siècles d'esclavage, espèce de torture politique qui démoralise ensemble et les uns par les autres, les peuples et les rois.

de Bati. Le joug qu'on a porté n'engage pas toujours à rendre moins pesant celui qu'on impose. Les princes et les peuples se vengent quelquefois comme de simples particuliers sur des innocents ; ils se croient forts parce qu'ils font des victimes.

— Prince, repris-je après avoir écouté attentivement cette longue série de déductions, je ne vous crois pas. C'est de l'élégance d'esprit que de s'élever au-dessus des préjugés nationaux et de faire comme vous le faites les honneurs de son pays à un étranger ; mais je ne me fie pas plus à vos concessions qu'aux prétentions des autres.

« Dans trois mois vous me rendrez plus de justice ; en attendant, et tandis que nous sommes encore seuls, » il disait ceci en regardant de tous côtés, « je veux fixer votre attention sur un point capital : je vais vous donner une clef qui vous servira pour tout expliquer dans le pays où vous entrez.

« Pensez à chaque pas que vous ferez chez ce peuple asiatique, que l'influence chevaleresque et catholique a manqué aux Russes ; non-seulement ils ne l'ont pas reçue, mais ils ont réagi contre elle avec animosité pendant leurs longues guerres contre la Lythuanie, la Pologne et contre l'ordre teutonique et l'ordre des chevaliers Porte-Glaive.

— Vous me rendez fier de ma perspicacité; j'écrivais dernièrement à un de mes amis que, d'après ce que j'entrevoyais, l'intolérance religieuse était le ressort secret de la politique russe.

— Vous avez parfaitement deviné ce que vous allez voir : vous ne sauriez vous faire une juste idée de la profonde intolérance des Russes, ceux qui ont l'esprit cultivé et qui communiquent par les affaires avec l'occident de l'Europe, mettent le plus grand art à cacher leur pensée dominante qui est le triomphe de l'*orthodoxie* grecque, synonyme pour eux de la politique russe.

— Sans cette pensée, rien ne s'explique ni dans nos mœurs, ni dans notre politique. Vous ne croyez pas, par exemple, que la persécution de la Pologne soit l'effet du ressentiment personnel de l'Empereur : elle est le résultat d'un calcul froid et profond. Ces actes de cruauté sont méritoires aux yeux des vrais croyants, c'est le Saint-Esprit qui éclaire le souverain au point d'élever son âme au-dessus de tout sentiment humain, et Dieu bénit l'exécuteur de ses hauts desseins : d'après cette manière de voir, juges et bourreaux sont d'autant plus saints qu'ils sont plus barbares.

— Vos journaux légitimistes ne savent ce qu'ils

veulent quand ils cherchent des alliés chez les schismatiques. Nous verrons une révolution européenne avant de voir l'Empereur de Russie servir de bonne foi un parti catholique : les protestants sont au moins des adversaires francs ; d'ailleurs ils seront réunis au pape plus aisément que le chef de l'autocratie russe, car les protestants ayant vu toutes leurs croyances dégénérer en systèmes et leur foi religieuse changée en un doute philosophique, n'ont plus que leur orgueil de sectaires à sacrifier à Rome ; tandis que l'Empereur possède un pouvoir spirituel très-réel et très-positif dont il ne se démettra jamais volontairement. Rome et tout ce qui se rattache à l'église romaine n'a pas de plus dangereux ennemis que l'autocrate de Moscou, chef visible de son église ; et je m'étonne que la perspicacité italienne n'ait pas encore découvert le danger qui nous menace de ce côté. D'après ce tableau très-véridique, jugez de l'illusion dont se bercent une partie des légitimistes de Paris. »

Cette conversation vous donne l'idée de toutes les autres ; chaque fois que le sujet devenait inquiétant pour l'amour-propre moscovite, le prince K.... s'interrompait, à moins qu'il ne fût parfaitement sûr que personne ne pouvait nous entendre.

Ces confidences m'ont fait réfléchir, et mes réflexions m'ont fait peur.

Il y a autant d'avenir et peut-être plus dans ce pays longtemps compté pour rien par nos penseurs modernes, tant il leur paraissait arriéré, qu'il y en a dans les sociétés anglaises implantées sur le sol de l'Amérique et trop vantées par des philosophes dont les systèmes ont enfanté notre démocratie actuelle, avec tous ses abus.

Si l'esprit militaire qui règne en Russie n'a rien produit de semblable à notre religion de l'honneur, ce n'est pas à dire que la nation ait moins de force parce que ses soldats sont moins brillants que les nôtres; l'honneur est une divinité humaine; mais dans la vie pratique le devoir vaut l'honneur et plus que l'honneur; c'est moins éclatant, c'est plus soutenu, plus fort. Il ne sortira point de là des héros du Tasse ou de l'Arioste; mais des personnages dignes d'inspirer un autre Homère, un autre Dante, peuvent renaître des ruines d'une seconde Ilion attaquée par un autre Achille, par un homme qui, comme guerrier, valait à lui seul tous les héros de l'Iliade.

Mon opinion est que l'empire du monde est dévolu désormais non pas aux peuples turbulents, mais aux peuples patients¹ : l'Europe éclairée comme elle l'est ne peut plus être soumise qu'à la force réelle : or la force réelle des nations, c'est l'obéissance au pouvoir qui les commande, comme celle des armées est la discipline. Dorénavant, le mensonge nuira surtout à ceux qui l'emploieront; la vérité redevient un moyen d'influence nouveau, tant l'oubli lui a rendu de jeunesse et de puissance.

Lorsque notre démocratie cosmopolite, portant ses derniers fruits, aura fait de la guerre une chose odieuse à des populations entières, lorsque les nations, soi-disant les plus civilisées de la terre, auront achevé de s'énerver dans leurs débauches politiques, et que de chute en chute elles seront tombées dans le sommeil au dedans et dans le mépris au dehors, toute alliance étant reconnue impossible avec ces sociétés évanouies dans l'égoïsme, les écluses du Nord se lèveront de nouveau sur nous, alors nous subirons une dernière invasion non plus

---

¹ La bonne foi dont je fais profession ne m'a pas permis de rien retrancher à cette lettre : seulement je prie de nouveau le lecteur qui voudra bien me suivre jusqu'au bout d'attendre pour se former une opinion sur la Russie qu'il ait pu comparer entre eux mes divers jugements avant et après le voyage.

de barbares ignorants, mais de maîtres rusés, éclairés, plus éclairés que nous, car ils auront appris de nos propres excès comment on peut et l'on doit nous gouverner.

Ce n'est pas pour rien que la Providence amoncelle tant de forces inactives à l'orient de l'Europe. Un jour le géant endormi se lèvera, et la force mettra fin au règne de la parole. En vain alors, l'égalité éperdue rappellera la vieille aristocratie au secours de la liberté ; l'arme ressaisie trop tard, portée par des mains trop longtemps inactives, sera devenue impuissante. La société périra pour s'être fiée à des mots vides de sens ou contradictoires ; alors les trompeurs échos de l'opinion, les journaux, voulant à tout prix conserver des lecteurs, pousseront au bouleversement, ne fût-ce qu'afin d'avoir quelque chose à raconter pendant un mois de plus. Ils tueront la société pour vivre de son cadavre.

Les ténèbres renaissent de la multiplicité des lumières, l'éblouissement est une cécité momentanée.

L'Allemagne, avec ses gouvernements éclairés, avec ses peuples bons et sages, pouvait refonder en Europe une aristocratie tutélaire, mais ces gouvernements se sont séparés de leurs sujets : le roi de Prusse, devenu la sentinelle avancée de la Russie [1], a fait de ses soldats des révolutionnaires muets et patients, au lieu d'avoir mis à profit leur bon esprit pour en faire les défenseurs naturels de la vieille Europe, du seul coin de la terre où, jusqu'à ce jour, la liberté raisonnable ait trouvé un asile. En Allemagne on pourrait encore conjurer l'orage ; en France, en Angleterre, en Espagne, nous ne pouvons déjà plus qu'attendre la foudre.

Un retour à l'unité religieuse sauverait l'Europe. Mais cette unité, qui la fera reconnaître, qui la fera respecter, par quels nouveaux miracles s'imposera-t-elle au monde insouciant qui la méconnaît? sur quelle autorité s'appuiera-t-elle? c'est le secret de Dieu. L'esprit de l'homme pose les problèmes ; l'action divine, c'est-à-dire le temps, les résout.

A ce propos une crainte amère m'est inspirée pour mon pays. Quand le monde, fatigué des demi-mesures, aura fait un pas vers la vérité, quand la religion sera reconnue pour l'affaire importante, unique des sociétés émues non plus pour des intérêts périssables, mais pour les seuls biens réels, c'est-à-dire

---

[1] Écrit le 10 juin 1839.

éternels, Paris, le frivole Paris élevé si haut sous le règne d'une philosophie sceptique, Paris, la folle capitale de l'indifférence et du cynisme, conservera-t-il sa suprématie parmi des générations enseignées par la crainte, sanctifiées par le malheur désabusées par l'expérience et mûries par la méditation ?

Il faudrait que la réaction partît de Paris même : pouvons-nous espérer ce prodige? Qui nous assure qu'au sortir de l'époque de destruction, et quand la nouvelle lumière de la foi brillera au cœur de l'Europe, le centre de la civilisation ne sera pas déplacé? Qui nous dit enfin, que la France délaissée dans son impiété ne deviendra pas alors pour les catholiques régénérés ce que fut la Grèce pour les premiers chrétiens : le foyer éteint de l'orgueil et de l'éloquence? De quel droit espérerait-elle une exception? Les nations meurent comme les hommes, et les nations volcans meurent vite.

Notre passé fut si brillant, notre présent est si terne, qu'au lieu d'invoquer témérairement l'avenir, nous devons le redouter. Je l'avoue désormais, je crains pour nous plus que je n'espère, et l'impatience de cette jeunesse française qui, sous le règne sanglant de la Convention, nous promettait tant le triomphes, me paraît aujourd'hui le signal de la décadence. L'état présent avec tous ses inconvénients, est encore un ordre de choses plus heureux *pour tous* que ne le sera le siècle qu'il nous présage, et dont je m'efforce en vain de détourner ma pensée.

La curiosité que j'ai de voir la Russie et l'admiration que me cause l'esprit d'ordre qui doit présider à l'administration de ce vaste État, ne m'empêchent pas de juger avec impartialité la politique de son gouvernement. La domination de la Russie se bornât-elle aux exigences diplomatiques, sans aller jusqu'à la conquête, me paraîtrait ce qu'il y a de plus redoutable pour le monde. On se trompe sur le rôle que cet état jouerait en Europe : d'après son principe constitutif il représenterait l'ordre; mais d'après le caractère des hommes, il propagerait la tyrannie sous prétexte de remédier à l'anarchie; comme si l'arbitraire remédiait à aucun mal! L'élément moral manque à cette nation; avec ses mœurs militaires et ses souvenirs d'invasions elle en est encore aux guerres de conquêtes, les plus brutales de toutes, tandis que les luttes de la France et des autres nations de l'occident seront dorénavant des guerres de propagande.

LETTRE CINQUIÈME.

Le nombre des passagers que j'ai rencontrés sur *le Nicolas I*^{er} est heureusement peu considérable; une jeune princesse D***, née princesse d'A***, accompagne son mari qui retourne à Saint-Pétersbourg; elle est charmante, c'est tout à fait l'héroïne d'une romance écossaise.

Cet aimable ménage revient de Greiffenberg en Silésie; la princesse est aussi accompagnée de son frère, jeune homme agréable. Ils ont passé plusieurs mois en Silésie à essayer en famille le fameux traitement d'eau froide, qu'on y fait subir aux adeptes. C'est plus qu'un remède, c'est un sacrement : c'est le baptême médical.

Dans la ferveur de leur croyance, le prince et la princesse nous ont raconté des résultats surprenants obtenus par ce nouveau moyen de guérison. Cette découverte est due à un paysan qui se croit supérieur à tous les médecins et justifie sa foi par les effets : il croit en lui-même; cet exemple gagne les autres; bien des croyants au nouvel apôtre sont guéris par leur foi.

Une foule d'étrangers de tous les pays affluent à Greiffenberg; on y traite tous les maux, excepté les maladies de poitrine. On vous administre des douches d'eau à la glace, puis on vous roule pendant cinq ou six heures dans de la flanelle. Rien ne résiste à la transpiration que ce traitement provoque au patient, disait le prince.

« Rien ni personne, repris-je.

— Vous vous trompez, répliqua le prince avec la vivacité d'un nouveau converti; sur une multitude de malades, il n'est mort que très-peu de personnes à Greiffenberg. Des princes, des princesses s'établissent près du nouveau sauveur, et quand on a essayé de son remède, l'eau devient une passion. »

Ici le prince D*** interrompt sa narration, il regarde à sa montre et appelle un domestique. Cet homme arrive une grande bouteille d'eau froide à la main, et la lui verse tout entière sur le corps entre son gilet et sa chemise : je n'en croyais pas mes yeux.

Le prince continue la conversation sans paraître remarquer mon étonnement : « Le père du duc régnant de Nassau, dit-il, vient de passer un an à Greiffenberg, il y est arrivé perclus et impotent : l'eau l'a ressuscité; mais comme il prétend à une guérison parfaite, il ignore encore quand il pourra quitter la place. Nul ne sait en arrivant à Greiffenberg combien de temps il y restera; la longueur du traitement dépend du mal et de l'humeur du malade : on ne peut calculer l'effet d'une passion, et cette manière d'employer l'eau devient une passion pour certaines personnes, qui dès lors se fixent indéfiniment près de la source de leur suprême félicité.

— Ainsi ce traitement devient dangereux, non parce qu'il fait du mal, mais parce qu'il fait trop de plaisir.

— Vous vous moquez, mais allez à Greiffenberg, vous reviendrez aussi croyant que je le suis.

— Prince, en écoutant votre récit, je crois; mais quand je réfléchirai je douterai : ces cures merveilleuses ont souvent des suites fâcheuses; des transpirations si violentes finissent par décomposer le sang; que gagneront les malades à changer la goutte en hydropisie? Vous êtes un bien jeune adepte; si vous me paraissiez sérieusement malade, je n'oserais vous parler avec tant de franchise.

— Vous ne m'effrayez nullement, ajouta le prince, je suis si persuadé de l'efficacité du traitement par l'eau froide que je vais fonder chez moi un établissement semblable à celui de Greiffenberg. »

Les Slaves ont une autre manie que celle de

l'eau froide, pensais-je tout bas, c'est la passion de toutes les nouveautés. L'esprit de ce peuple d'imitateurs s'exerce sur les inventions des autres.

Outre le prince K** et la famille D**, une princesse L** se trouve encore sur notre vaisseau. Cette dame retourne à Pétersbourg; elle en était partie, il y a huit jours, pour se rendre par l'Allemagne à Lausanne en Suisse, où elle comptait rejoindre sa fille près d'accoucher; mais en débarquant à Travemünde, la princesse demande par désœuvrement la liste des passagers partis pour la Russie par le dernier paquebot : quelle n'est pas sa surprise en y lisant le nom de sa fille? Elle prend des informations auprès du consul de Russie : plus de doute, la mère et la fille s'étaient croisées au milieu de la Mer Baltique.

Tel est le résultat du peu d'exactitude des Russes à écrire. Aujourd'hui la mère retourne à Pétersbourg où sa fille n'aura eu que le temps d'arriver pour ne pas accoucher sur mer.

Cette dame si contrariée est d'une société fort aimable : elle nous fait passer des soirées charmantes en nous chantant d'une voix agréable des airs russes tout nouveaux pour moi. La princesse

LETTRE CINQUIÈME.

D** chante avec elle en partie et même accompagne quelquefois de quelques pas gracieux les airs de danse des Cosaques. Ce spectacle national, ce concert impromptu, suspend les conversations d'une manière amusante, aussi les heures de la nuit et du jour s'écoulent-elles pour nous comme des instants.

Les vrais modèles du bon goût et des manières sociables ne se trouvent que dans les pays aristocratiques. Là, personne ne songe à se donner l'*air comme il faut;* et c'est l'*air comme il faut* qui gâte la société dans les lieux sujets aux parvenus. Chez les aristocrates tous les gens qui se trouvent dans une chambre sont tout naturellement placés pour y entrer; destinés à se rencontrer tous les jours, ils s'habituent les uns aux autres : à défaut de sympathie, l'intimité établit entre eux l'aisance, même la confiance; on s'entend à demi mot, chacun reconnaît sa manière de penser dans le langage de tous. On s'arrange les uns des autres pour la vie entière, et cette résignation se change en plaisir; des voyageurs destinés à rester longtemps ensemble, s'entendent mieux que ceux qui ne se rencontrent que pour un moment. De l'harmonie obligée naît la politesse générale qui n'exclut pas la variété : les esprits gagnent à ne marquer leur diversité que par des nuances délicates et l'élégance du discours embellit tout sans nuire à rien, car la vérité des sentiments ne perd rien aux sacrifices qu'exige la délicatesse des expressions. Ainsi grâce à la sécurité qui s'établit dans toute société exclusive, la gêne disparaît et la conversation sans grossièreté devient d'une facilité, d'une liberté ravissante.

Autrefois en France chaque classe de citoyens pouvait jouir de cet avantage; c'était le temps de la bonne causerie. Nous avons perdu ce plaisir par beaucoup de raisons que je ne prétends pas déduire ici, mais surtout par le mélange abusif des hommes de tous états.

Ces hommes se réunissent par vanité au lieu de se chercher par plaisir. Depuis que tout le monde est partout, il n'y a de liberté nulle part, et l'aisance des manières est perdue en France. La gravité, la roideur anglaise, l'ont remplacée, c'est une arme indispensable dans une société mêlée. Mais pour apprendre à s'en servir les Anglais du moins n'ont rien sacrifié, tandis que nous avons perdu des agréments qui faisaient le charme de la vie chez nous. Un homme qui croit ou qui pense à faire croire qu'il est de bonne compagnie parce qu'on le voit dans tel ou tel salon, ne peut plus être un homme aimable, un causeur amusant. La délicatesse réelle est une chose bonne en soi, la délicatesse imitée est une chose mauvaise comme toute affectation.

Notre société nouvelle est fondée sur des idées d'égalité démocratique, et ces idées nous ont apporté l'ennui en guise de nos plaisirs d'autrefois. Ce qui rend la conversation agréable, ce n'est pas de connaître beaucoup de monde, c'est de bien choisir et de bien connaître les personnes qu'on voit habituellement : la société n'est que le moyen; le but est l'intimité. La vie sociale, pour être douce, impose aux individus des freins très-puissants. Dans le monde des salons comme dans les arts, le cheval échappé gâte tout; j'aime le cheval de race, mais quand on est parvenu à le brider et à le dresser; la sauvagerie indomptable n'est pas une force, elle dénote quelque chose d'incomplet dans l'organisation, et ce défaut physique se communique à l'âme. Un jugement sain est la récompense des passions réprimées.

Les intelligences qui produisent des chefs-d'œuvre ont mûri à l'abri d'une civilisation qu'elles n'ont jamais cessé de respecter, et à laquelle elles doivent le plus précieux de tous leurs avantages, l'équilibre. Rousseau, ce puissant démolisseur, est pourtant conservateur quand il se plaît à la peinture de la vie bourgeoise en Suisse, ou quand il explique l'Évangile aux philosophes incrédules et cyniques qui l'ébranlent et le déconcertent sans le convaincre.

Nos dames russes ont admis dans leur petit cercle, un négociant français qui se trouve parmi les passagers. C'est un homme d'un âge plus que mûr, homme à grandes entreprises, à bateaux à vapeur, à chemins de fer, à prétentions de ci-devant jeune homme, un homme à sourires agréables, à mines gracieuses, à grimaces séduisantes, à gestes bourgeois, à idées arrêtées, à discours préparés : du reste bon diable, causant volontiers et même bien, quand il parle de ce qu'il sait à fond; spirituel, amusant, suffisant; mais tournant facilement à la sécheresse.

Il va en Russie pour *électriser* quelques esprits en faveur des grandes entreprises industrielles; il voyage dans l'intérêt de plusieurs maisons de commerce françaises, qui se sont associées, dit-il, pour atteindre ce but intéressant, et sa tête, quoique remplie de graves idées commerciales, a place encore pour toutes les romances, chansons et petits couplets à la mode à Paris depuis vingt ans. Avant d'être négociant il a été lancier, et il a conservé de son premier métier des attitudes de beau de garnison assez plaisantes. Il ne parle aux Russes que de la supériorité des Français en tous genres, mais son amour-propre est trop en dehors pour devenir offensant : on en rit, c'est tout ce qu'on lui doit.

Il nous chante le vaudeville en faisant aux femmes des œillades galantes, il déclame la *Parisienne* et la *Marseillaise,* en se drapant d'un air théâtral dans son manteau : son répertoire quelque peu grivois amuse beaucoup nos étrangères. Elles croient faire un voyage à Paris, le mauvais ton français ne les frappe nullement, parce qu'elles n'en connaissent ni la source, ni la portée ; ce langage dont la vraie signification leur échappe ne peut les effaroucher ; d'ailleurs les personnes vraiment de bonne compagnie sont toujours les plus difficiles à blesser : le soin de leur réhabilitation ne les oblige pas de se gendarmer à tout propos.

Le vieux prince K*** et moi, nous rions sous cape de tout ce qu'on leur fait écouter ; elles rient de leur côté avec l'innocence de personnes tout à fait ignorantes, et qui ne peuvent savoir où finit le bon goût, où commence le mauvais en France dans la conversation légère.

Le mauvais ton commence dès qu'on pense à l'éviter; c'est à quoi ne pensent jamais des personnes parfaitement sûres d'elles-mêmes.

Quand la gaîté de l'ex-lancier devient un peu trop vive, les dames russes la calment en chantant à leur tour ces airs nationaux si nouveaux pour nous et dont la mélancolie et l'originalité me charment. C'est surtout la savante marche de l'harmonie qui me frappe dans ces chants antiques; on sent qu'ils viennent de loin.

La princesse L*** nous a chanté quelques airs de Bohémiens russes; et ils m'ont rappelé à mon grand étonnement les boléros espagnols. Les Gitanos d'Andalousie sont de la même race que les Bohémiens russes. Cette population dispersée, on ne sait par quelle cause, dans l'Europe entière a conservé en tous lieux ses habitudes, ses traditions et ses chants nationaux.

Encore une fois pourriez-vous vous figurer une manière plus agréable que la nôtre de passer une journée de voyage en mer?

Cette traversée tant redoutée me divertit au point que j'en prévois la fin avec un véritable regret.

D'ailleurs qui ne tremblerait à l'idée d'arriver dans une grande ville, où l'on n'a point d'affaire et où l'on se trouve tout à fait étranger, quoiqu'elle soit encore trop européenne pour qu'on puisse se dispenser d'y voir ce qu'on appelle le monde? Ma passion pour les voyages se refroidit quand je considère qu'ils se composent uniquement de départs et d'arrivées. Mais que de plaisirs et d'avantages on achète par cette peine!! N'y trouvât-on que la facilité de s'instruire sans étude, on ferait encore très-bien de *feuilleter* les divers pays de la terre en guise de lecture : d'autant qu'on est toujours forcé d'en joindre quelque autre à celle-là.

Quand je me sens près de me décourager au milieu de mes pèlerinages, je me dis : si je veux le but, il faut vouloir le moyen, et je continue; je fais plus, à peine revenu chez moi, je pense à recommencer. Le voyage perpétuel serait une douce manière de passer la vie, surtout pour un homme qui n'est pas d'accord avec les idées qui dominent le monde dans le temps où il vit : changer de pays, équivaut à changer de siècle. C'est une époque bien reculée que j'espère étudier en Russie. L'histoire analysée dans ses résultats, voilà ce qu'un homme apprend en variant ses voyages, et rien ne vaut cet enseignement des faits, appliqué en grand aux besoins de l'esprit.

Quoi qu'il en soit la composition de notre société pendant cette traversée est si amusante que je ne me souviens pas d'avoir rencontré rien de semblable ; la réunion de quelques personnes aimables ne suffit pas toujours pour former un cercle amusant; il faut encore des circonstances qui mettent chaque individu en valeur : nous menons ici une vie qui ressemble à la vie de château par le mauvais temps ; on ne peut sortir, mais tout ce monde enfermé s'ennuyerait si chacun ne s'efforçait de s'amuser en amusant les autres : ainsi la contrainte qui nous rapproche, tourne à l'avantage de tous, mais c'est grâce à la sociabilité parfaite de quelques-uns des voyageurs que le hasard a rassemblés ici; et surtout à l'aimable autorité du prince K***; sans la violence qu'il nous fit dès les premiers instants du voyage, personne n'aurait rompu la glace, et nous serions restés à nous regarder en silence tout le temps de la traversée : cet isolement devant témoins est triste et gênant : au lieu de cela, on cause jour et nuit, la clarté des jours de vingt-quatre heures fait qu'on trouve à tous moments des personnes prêtes à causer; ces jours sans nuits effacent le temps, on n'a plus d'heures fixes pour dormir; depuis trois heures que je vous écris, j'entends mes compagnons de voyage rire et parler dans la cabine; si j'y descends ils me feront lire des vers et de la prose en français, ils me demanderont de leur conter des histoires de Paris. On ne cesse de m'interroger sur mademoiselle Rachel, sur Duprez, les deux grandes réputations dramatiques du jour; on désire attirer ici ces talents fameux puisqu'on ne peut obtenir la permission d'aller les entendre chez nous.

Quand le lancier français, conquérant et commerçant, se mêle de la conversation, c'est ordinairement pour l'interrompre. Alors on rit, on chante et puis on recommence à danser des danses russes.

Cette gaieté, quelque innocente qu'elle soit, n'en scandalise pas moins deux Américains qui vont à Pétersbourg pour affaires. Ces habitants du nouveau monde ne se permettent pas même de sourire aux folles joies des jeunes femmes de l'Europe; ils ne voient pas que cette liberté est de l'insouciance et que l'insouciance est la sauvegarde des jeunes cœurs. Leur puritanisme se révolte non-seulement devant le désordre, mais devant la joie : ce sont des jansénistes protestants, et pour leur complaire, il faudrait faire de la vie un long enterrement.

Heureusement que les femmes que nous avons à bord ne consentent pas à s'ennuyer pour donner raison à ces marchands pédants. Elles ont des manières plus simples que la plupart des femmes du Nord, qui, lorsqu'elles viennent à Paris se croient obligées de contourner leur esprit pour nous séduire; celles-ci plaisent sans avoir l'air de penser à plaire, leur accent en français me paraît meilleur que celui de la plupart des femmes polonaises : elles chantent peu en parlant et ne prétendent pas corriger notre langue, selon la manie de presque toutes les dames de Varsovie, que j'ai rencontrées autrefois en Saxe et en Bohême, manie qui tient peut-être à la pédanterie des institutrices qu'on fait venir de Genève en Pologne, pour élever les enfants. Les dames russes qui se trouvent avec moi sur *le Nicolas I*", tâchent de parler français comme nous, et à très-peu de nuances près, elles y parviennent.

Hier un accident survenu à la machine de notre bateau servit à mettre au jour le ressort secret des caractères.

Le souvenir toujours présent du naufrage et de

l'incendie de ce paquebot, rend les passagers craintifs à l'excès cette année ; il faut convenir que la composition de l'équipage n'est guère propre à rassurer les peureux. Un capitaine hollandais, un pilote danois, des matelots saxons ou allemands de l'intérieur des terres : voilà les hommes destinés à faire manœuvrer notre bâtiment russe.

Hier donc après le dîner, nous étions presque tous réunis sur le pont par un beau temps un peu frais, et nous lisions avec grand plaisir un livre qui fait partie de la bibliothèque du bâtiment, les premières années littéraires de Jules Janin, quand le mouvement des roues s'arrête subitement. Cependant un bruit inusité se fait entendre dans la région de la machine et le bâtiment reste immobile au milieu d'une mer, grâce au ciel, parfaitement calme. On eût dit d'un modèle de vaisseau enclavé dans une table de marbre ; plusieurs matelots se mettent à courir vers le fourneau, le capitaine les suit d'un air préoccupé, sans vouloir répondre aux passagers, qui le questionnent du geste et du regard.

Nous nous trouvions au milieu de la mer Baltique, et dans la partie où elle a le plus de largeur, avant l'entrée du golfe de Finlande, au-dessous de celui de Bothnie, par conséquent le plus loin possible de toutes les côtes. Nous n'en apercevions aucune, quoique le temps fût clair.

Nous gardions tous un silence solennel, de sinistres souvenirs troublaient les imaginations; les plus superstitieux étaient les plus agités. Sur l'ordre du capitaine, deux matelots jettent la sonde : « C'est sans doute un écueil sur lequel nous avons touché, » dit une voix de femme, la première qui se fit entendre depuis l'accident; jusque-là les seules paroles qui avaient retenti dans le silence de la peur étaient les ordres assez timides du capitaine dont le son de voix ni l'attitude n'étaient rien moins que rassurants. « La machine est trop chargée de vapeur, » dit une autre voix, « et risque d'éclater. »

A cet instant quelques matelots s'approchent des chaloupes et se mettent en devoir de les détacher.

Je me taisais, mais je pensais : « voilà mes pressentiments réalisés. Ce n'était donc pas par caprice que je voulais renoncer à faire cette traversée. » Mes regrets se tournaient vers Paris.

La princesse L**, dont la santé est délicate, éclate en sanglots; elle tombe en faiblesse, on l'entend murmurer, à demi évanouie, ces mots interrompus par des pleurs : « Mourir si loin de mon mari ! » — « Pourquoi le mien est-il ici, » s'écrie la jeune princesse D**, en se serrant contre le bras du prince, avec un calme qu'on n'aurait pas attendu d'elle, à voir sa figure et sa tournure délicates. C'est une femme frêle, élégante, aux yeux bleus et tendres, à la voix sonore, mais faible, à la taille élevée et svelte. Cette ombre ossianique était devenue en présence du danger, une héroïne prête à tout souffrir, à tout affronter.

Le gros et aimable prince K** n'a changé ni de visage, ni de place; il serait tombé de son fauteuil de sangle dans la mer sans se déranger. L'ex-lancier français, devenu négociant et resté comédien, faisant le beau en dépit du temps, le gai malgré le péril, se mit à fredonner un air de vaudeville. Cette bravade m'a déplu, et fait rougir pour la France, où la vanité cherche, à propos de tout, des moyens d'effet; la vraie dignité morale n'exagère rien, pas même l'insouciance du danger; les Américains ont continué leur lecture; j'observais tout le monde.

Enfin le capitaine est venu nous dire que l'écrou principal d'un des pistons de la machine était cassé; qu'on allait le remplacer et que dans un quart d'heure nous marcherions comme auparavant.

A cette nouvelle, la peur que chacun avait dissimulée à sa manière, se trahit par l'explosion d'une gaieté générale. Tous racontèrent ce qu'ils avaient pensé, redouté; tous rirent les uns des autres; ceux qui avouèrent le plus naïvement leurs craintes furent les plus épargnés; ainsi cette soirée commencée tristement, se prolongea dans les plaisanteries les plus piquantes, dans les danses et les chants jusqu'à plus de deux heures du matin.

Le respect scrupuleux que je professe pour la vérité, me force à vous avouer qu'en cette occasion, l'attitude, la physionomie, le langage, toute la conduite enfin de notre capitaine hollandais n'a que trop confirmé à mes yeux le mal que j'avais entendu dire de lui avant de m'embarquer sur son bord.

Au moment de nous séparer pour le reste de la nuit, le prince K*** m'adressa des compliments sur le plaisir que je paraissais prendre à entendre ses histoires : on reconnaît l'homme bien élevé, disait-il, à la manière dont il a l'air d'écouter.

« Prince, lui répliquai-je, le meilleur moyen d'avoir l'air d'écouter, c'est d'écouter. »

Cette réponse répétée par le prince fut vantée au delà de son mérite. Rien n'est perdu, et chaque pensée double de valeur avec des personnes spirituellement bienveillantes.

Le charme de l'ancienne société française tenait surtout à l'art de faire valoir les autres; c'est pourtant cette société perdue qui nous valut autant de conquêtes qu'en ont faites la bravoure de nos soldats et le génie de nos généraux. Si cet art bienveillant est à peu près inconnu parmi nous aujourd'hui, c'est qu'il faut plus de finesse d'esprit pour louer que pour dénigrer. Qui sait tout apprécier ne dédaigne rien et se refuse la moquerie; mais où l'envie domine, le dénigrement prend la place de tout : c'est de la jalousie déguisée en gaieté, et qui prend le masque du bon sens; le faux bon sens est toujours moqueur : tels sont les mauvais sentiments qui aujourd'hui chez nous conspirent contre l'agrément de la vie sociale. A force de simuler le bien, la vraie politesse le réalisait; elle équivaut pour moi à toutes les vertus.

Voici deux histoires qui vous prouveront combien l'attention dont on me loue est peu méritoire.

Nous passions tantôt devant l'île de Dago à la

pointe de l'Esthonie. L'aspect de cette terre est triste, c'est une froide solitude, la nature y paraît stérile et nue plutôt que puissante et sauvage; elle semble vouloir repousser l'homme par l'ennui plus que par la force. « Il s'est passé là une étrange scène, nous dit le prince K***.

— A quelle époque ?

— Il n'y a pas bien longtemps : c'était sous l'Empereur Paul.

— Contez-nous-la. »

Le prince prit la parole...... mais moi je suis fatigué, il est cinq heures du matin : je vais sur le pont faire la conversation avec ceux de nos causeurs que je trouverai disponibles ; puis je me coucherai. Ce soir je vous écrirai l'histoire du baron de Sternberg très-bien racontée par le prince K***.

SOMMAIRE DE LA LETTRE SIXIÈME.

Histoire du baron Ungern de Sternberg. — Ses crimes ; sa punition sous l'empereur Paul. — Type des héros de lord Byron. — Parallèle de Water Scott et de Byron. — Le roman historique. — Autre histoire racontée par le prince K***. — Mariage de l'Empereur Pierre. — Obstination du boyard Romodanowski. — L'Empereur cède. — Influence de la religion grecque sur les peuples. — Indifférence des Russes pour la vérité. — La tyrannie vit de mensonge. — Le cadavre d'un Croï dans l'église de Revel depuis la bataille de Narva. — L'Empereur Alexandre trompé. — La Russie défendue contre un Russe. — Inquiétude des Russes relativement à l'opinion des étrangers. — Peur qu'on a de moi. — L'espion savant trompé.

LETTRE SIXIÈME.

Ce 9 juillet 1839, à huit heures du soir, à bord du paquebot le Nicolas Ier.

N'oubliez pas que c'est le prince K*** qui parle.

« Un baron Ungern de Sternberg avait longtemps parcouru l'Europe en homme d'esprit qu'il était et ses voyages avaient fait de lui tout ce qu'il pouvait devenir, c'est-à-dire un grand caractère développé par l'expérience et par l'étude.

« Revenu à Saint-Pétersbourg, c'était sous l'Empereur Paul, une disgrâce non motivée le décide à quitter la cour; il se renferme dans l'île de Dago dont il était le seigneur, et retiré, au milieu de cette sauvage souveraineté, il jure une haine à mort au genre humain tout entier, pour se venger de l'Empereur, de cet homme qui lui représente à lui seul les hommes.

« Ce personnage, qui était vivant à l'époque de notre enfance, a pu servir de modèle à plus d'un héros de lord Byron.

« Relégué dans son île, il affecte soudain la passion de l'étude; et pour se livrer en liberté, dit-il, à ses travaux scientifiques, il fait ajouter à son manoir une tour très-élevée dont vous pouvez distinguer les murs avec une lunette d'approche. »

Ici le prince s'interrompit, et nous reconnûmes la tour de Dago.

Le prince reprit : « Il appela ce donjon sa bibliothèque, et le surmonta d'une espèce de lanterne, vitrée de tous côtés comme un belvédère, comme un observatoire, ou plutôt comme un phare. Il ne pouvait, répétait-il souvent à son monde, travailler que la nuit et que dans ce lieu solitaire. C'est là qu'il se retirait pour se recueillir et pour trouver la paix.

« Les seuls hôtes admis dans sa retraite étaient un fils unique, encore enfant, et le gouverneur de ce fils.

« Vers minuit, lorsqu'il les croyait tous deux endormis, il s'enfermait à certains jours dans son laboratoire : la tour vitrée était alors éclairée par une lampe tellement éclatante que de loin on la prenait pour un signal. Ce phare, qui n'en était pas un, était destiné à tromper les vaisseaux étrangers qui risquaient de se perdre sur l'île, si leur capitaine, venant de loin, ne connaissait pas parfaitement chaque point de la côte qu'il faut longer pour entrer dans le périlleux golfe de Finlande.

« Cette erreur est précisément ce qui faisait l'espoir du terrible baron. Bâtie sur un écueil au milieu d'une mer redoutable, la perfide tour devenait le point de mire des pilotes inexpérimentés; et les malheureux, égarés par le faux espoir qu'on faisait luire à leurs yeux, rencontraient la mort en croyant trouver un abri contre l'ouragan.

« Vous jugez que la police de la mer était mal faite alors en Russie.

« Dès qu'un vaisseau était près de naufrager, le baron descendait sur la plage, s'embarquait en secret avec quelques hommes habiles et déterminés qu'il entretenait pour le seconder dans ses expéditions nocturnes; il recueillait les marins étrangers, les achevait dans l'ombre au lieu de les secourir, et après les avoir étranglés, il pillait leur bâtiment; le tout moins par cupidité que par pur amour du mal, par un zèle désintéressé pour la destruction.

« Doutant de tout et surtout de la justice, il regardait le désordre moral et social comme ce qu'il y avait de plus analogue à l'état de l'homme ici-bas, et les vertus civiles et politiques comme des chimères nuisibles puisqu'elles ne font que contrarier la nature sans la dompter.

« Il prétendait, en décidant du sort de ses semblables, s'associer aux vues de la Providence qui se plaît, disait-il, à tirer la vie de la mort.

« Un soir, vers la fin de l'automne, à l'époque les plus longues nuits de l'année, il avait exterminé, selon sa coutume, l'équipage d'un vaisseau marchand hollandais; et depuis plusieurs heures les forbans qu'il nourrissait à titre de gardes, parmi les serviteurs attachés à sa maison, s'occupaient à transporter à terre le reste de la cargaison du bâtiment échoué, sans remarquer que, pendant le massacre, le capitaine profitant de l'obscurité, s'était sauvé dans une chaloupe où l'avaient suivi quelques matelots de son bord.

« Vers le point du jour, l'œuvre de ténèbres du baron et de ses sicaires n'était pas achevée, lorsqu'un signal annonce l'approche d'un canot : aussitôt on ferme les portes secrètes des souterrains où le produit du pillage est déposé et le pont-levis s'abaisse devant l'étranger.

« Le seigneur, avec l'hospitalité élégante qui est un trait caractéristique et ineffaçable des mœurs russes, se hâte d'aller recevoir le chef des nouveaux

LETTRE SIXIÈME.

débarqués : affectant la plus parfaite sécurité, il s'était rendu pour l'attendre dans une salle voisine de l'appartement de son fils; le gouverneur de l'enfant était couché alors, et dangereusement malade. La porte de la chambre de cet homme qui donnait dans la salle, était restée ouverte. On annonce le voyageur.

« Monsieur le baron, » dit cet homme d'un air d'assurance très-imprudent, « vous me connaissez;
« néanmoins vous ne pouvez me reconnaître, car
« vous ne m'avez vu qu'une fois et dans l'obscu-
« rité. Je suis le capitaine du vaisseau dont l'équi-
« page vient en partie de périr sous vos murs : c'est
« à regret que je rentre chez vous; mais je suis
« forcé de vous dire que plusieurs de vos gens ont
« été reconnus dans la mêlée, et que vous-même
« vous avez été vu cette nuit égorgeant de votre
« main un de mes hommes. »

« Le baron, sans répondre, va fermer à petit bruit la porte de la chambre du gouverneur de son fils. L'étranger continue : « Si je vous parle de la sorte,
« c'est parce que mon intention n'est pas de vous
« perdre; je veux seulement vous prouver que vous
« êtes dans ma dépendance. Rendez-moi ma car-
« gaison et mon bâtiment, qui tout endommagé

« qu'il est, peut encore me conduire jusqu'à Saint-
« Pétersbourg, je vous promets le secret auquel je
« m'engage par serment. Si le désir de la ven-
« geance me dominait, je me serais jeté à la côte
« pour aller vous dénoncer dans le premier village.
« La démarche que je fais auprès de vous vous
« prouve le désir que j'ai de vous sauver en vous
« avertissant du danger auquel vous exposent vos
« crimes. »

« Le baron garde toujours un profond silence; l'expression de son visage est grave, mais elle n'a rien de sinistre : il demande un peu de temps pour réfléchir au parti qu'il doit prendre, et il se retire en disant que dans un quart d'heure il rapportera sa réponse.

« Quelques minutes avant l'expiration du délai convenu, il rentre inopinément dans la salle par une porte secrète, se jette sur le téméraire étranger et le poignarde!...

« L'ordre avait été donné d'égorger en même temps jusqu'au dernier homme de l'équipage : le silence un instant troublé par tant de meurtres recommence à régner dans ce repaire. Mais le gouverneur de l'enfant avait tout entendu : il écoute encore.... il ne distingue plus que les pas du baron et le ronflement des corsaires roulés dans leur peau de mouton et couchés sur les marches de la tour.

« Le baron inquiet et soupçonneux rentre dans la chambre de cet homme, il l'examine longtemps avec une attention scrupuleuse : debout, près du lit, le poignard encore sanglant à la main, il épie les moindres signes qui pourraient trahir la feinte : à la fin il le croit profondément endormi et se décide à le laisser vivre. — La perfection dans le crime est aussi rare qu'en toute autre chose, » nous dit le prince K***, en interrompant sa narration.

Nous gardions le silence, car nous étions impatients de savoir la fin de l'histoire; il continue :

« Les soupçons de ce gouverneur étaient éveillés depuis longtemps; sitôt que les premiers mots du capitaine hollandais arrivèrent à son oreille, il s'était relevé pour être témoin du meurtre dont il vit toutes les circonstances à travers les fentes de la porte, fermée à la clef par le baron. Il eut, l'instant d'après, comme vous venez de le voir, assez de sang-froid pour tromper l'assassin et pour sauver sa vie. Resté seul enfin, il se lève et s'habille malgré la fièvre, il descend par une fenêtre avec des cordes, détache un canot qu'il trouve amarré au pied du rempart, pousse l'esquif en mer, le dirige à lui seul vers le continent, et gagne la terre sans accident : à peine débarqué il va dénoncer le coupable dans la ville la plus voisine.

« L'absence du malade est bientôt remarquée au château de Dago; le baron, aveuglé par le vertige du crime, pense d'abord que le gouverneur de son fils s'est jeté à la mer dans un accès de fièvre chaude; tout occupé à faire chercher le corps, il ne songe pas à fuir. Cependant la corde attachée à la fenêtre, le canot disparu étaient des preuves irrécusables de l'évasion. Le brigand cédant tardivement à l'évidence, allait songer à sa sûreté, quand il se vit assiégé par des troupes envoyées contre lui. C'était le lendemain du dernier massacre : un moment il voulut se défendre; mais trahi par son monde, il fut pris et conduit à Saint-Pétersbourg où l'Empereur Paul le condamna aux travaux forcés à perpétuité. Il est mort en Sibérie.

« Telle fut la triste fin d'un homme qui par le charme de son esprit, la grâce et l'élégance de ses manières avait fait les beaux jours des sociétés les plus brillantes de l'Europe.

« Nos mères pourraient se souvenir de l'avoir trouvé très-aimable.

« Ce fait, bien qu'il nous paraisse romanesque,

s'est reproduit assez souvent pendant le moyen âge ; je ne vous l'aurais pas raconté, s'il ne se fût passé pour ainsi dire de notre temps ; voilà ce qui le rend intéressant. En toutes choses, la Russie est en retard de quatre siècles. »

Quand le prince K*** eut cessé de parler, tout le monde s'écria que le baron de Sternberg était le type des Manfred et des Lara.

« C'est sans doute, » reprit le prince K***, qui ne craint pas le paradoxe, « parce que Byron a pris ses modèles dans le vrai qu'il nous paraît si peu vraisemblable ; en poésie la réalité n'est jamais naturelle.

— C'est si juste, » répliquai-je, « que les mensonges de Walter Scott font plus d'illusion que l'exactitude de Byron.

— Peut-être : mais il faut chercher encore d'autres causes à cette différence, » repartit le prince, « Walter Scott peint, Byron crée, celui-ci ne se soucie pas de la réalité, même lorsqu'il la rencontre, l'autre en a l'instinct, même lorsqu'il invente.

— Ne croyez-vous pas, prince, » repris-je, « que cet instinct de réalité que vous attribuez au grand romancier tient à ce qu'il est souvent commun ? Que de détails superflus ! que de dialogues vulgaires !... Et malgré cela ce qu'il y a de plus exact dans ses peintures, c'est l'habit de ses personnages et leur chambre.

— Ah! je défends mon Walter Scott, » s'écria le prince K***, « je ne permets pas qu'on insulte un écrivain si amusant.

— C'est justement le genre de mérite que je lui refuse, » repris-je, « un romancier qui a besoin d'un volume pour préparer une scène est tout autre chose qu'amusant. Walter Scott est bien heureux d'être venu à une époque où l'on ne sait plus ce que c'est que de s'amuser.

— Comme il peint le cœur humain, » s'écria le prince D*** (car tout le monde était contre moi).

— Oui, » répliquai-je, « pourvu qu'il ne le fasse point parler; car l'expression lui manque dès qu'il touche aux sentiments passionnés et sublimes; il dessine admirablement les caractères par l'action, car il a plus d'habileté, plus d'observation que d'éloquence; talent philosophique et profond, esprit méthodique et calculateur, il est venu dans son temps et il en a merveilleusement résumé les idées les plus vulgaires, et par conséquent les plus en vogue.

— Le premier il a résolu d'une manière satisfaisante le difficile problème du roman historique :

vous ne pouvez lui refuser ce mérite, » ajouta le prince K***.

— C'est le cas d'appliquer le mot : je voudrais que ce fût impossible ! » repris-je; « que de notions fausses ont été répandues dans la foule des lecteurs peu érudits par le mélange de l'histoire et du roman ! ! ! Cet alliage est toujours pernicieux, et quoi que vous en puissiez dire, il ne me paraît guère amusant... Quant à moi j'aime mieux, même pour me divertir, lire M. Augustin Thierry que toutes les fables inventées sur des personnages connus.... Je vous demande pardon de cet éloge, peu digne d'un si grave écrivain, mais son nom s'est trouvé dans ma pensée comme y serait venu celui d'Hérodote qui ne laisse pas que d'être amusant aussi.

— Si c'est affaire de goût, » interrompit le prince K***, en souriant, « nous n'en disputerons pas plus longtemps. »

Là-dessus, il prend mon bras pour se lever, et me prie de l'aider à descendre vers sa cabine, où il me fait asseoir, et me dit à voix très-basse : « Nous sommes seuls : vous aimez l'histoire; voici un fait d'un ordre plus relevé que celui que je viens de vous conter; c'est à vous seul que je le dis, car devant des Russes on ne peut pas parler d'histoire!... Vous savez, » recommence le prince K***, « que Pierre-le-Grand, après beaucoup d'hésitation, détruisit le patriarcat de Moscou pour réunir sur sa tête la tiare à la couronne. Ainsi, l'autocratie politique usurpa ouvertement la toute-puissance spirituelle, qu'elle convoitait et contrariait depuis longtemps; union monstrueuse, aberration unique parmi les nations de l'Europe moderne. La chimère des papes au moyen âge est aujourd'hui réalisée dans un empire de soixante millions d'hommes, en partie hommes de l'Asie qui ne s'étonnent de rien, et qui ne sont nullement fâchés de retrouver un grand Lama dans leur Czar.

« L'Empereur Pierre veut épouser Catherine la vivandière. Pour accomplir ce vœu suprême, il faut commencer par trouver une famille à la future Impératrice. On va lui chercher en Lithuanie, je crois, ou en Pologne, un gentilhomme obscur, qu'on commence par déclarer grand seigneur *d'origine*, et que l'on baptise ensuite du titre de frère de la souveraine élue.

« Le despotisme russe, non-seulement compte les idées, les sentiments pour rien, mais il refait les faits, il lutte contre l'évidence et triomphe dans la lutte!!! car l'évidence n'a pas d'avocat chez nous, non plus que la justice, lorsqu'elles gênent le pouvoir. »

Je commençais à m'effrayer de la langue hardie du prince K***.

Singulier pays que celui qui ne produit que des esclaves qui reçoivent à genoux l'opinion qu'on leur fait, des espions qui n'en ont aucune, afin de mieux saisir celle des autres, ou des moqueurs qui exagèrent le mal; autre manière très-fine d'échapper au coup d'œil observateur des étrangers; mais cette finesse même devient un aveu; car chez quel autre peuple a-t-on jamais cru nécessaire d'y avoir recours? Tandis que ces réflexions me passaient par l'esprit, le prince poursuivait le cours de ses observations philosophiques : il a été élevé à Rome, et penche vers la religion catholique, comme tout ce qui a de l'indépendance d'esprit et de la piété en Russie.

« Le peuple et même les grands, résignés spectateurs de cette guerre à la vérité, en supportent le scandale, parce que le mensonge du despote, quelque grossière que soit la feinte, paraît toujours une flatterie à l'esclave. Les Russes, qui souffrent tant de choses, ne souffriraient pas la tyrannie, si le tyran ne faisait humblement semblant de les croire dupes de sa politique. La dignité humaine, abîmée sous le gouvernement absolu, se prend à la moindre branche qu'elle peut saisir dans le naufrage : l'humanité veut bien se laisser dédaigner, bafouer, mais elle ne veut pas se laisser dire en termes explicites qu'on la dédaigne et qu'on la bafoue. Outragée par les actions, elle se sauve dans les paroles. Le mensonge est si avilissant, que forcer le tyran à l'hypocrisie, c'est une vengeance qui console la victime. Misérable et dernière illusion du malheur, qu'il faut pourtant respecter de peur de rendre le serf encore plus vil et le despote encore plus fou !...

« Il existait une ancienne coutume, d'après laquelle, dans les processions solennelles, le patriarche de Moscou faisait marcher à ses côtés les deux plus grands seigneurs de l'Empire. Au moment du mariage, le czar-pontife résolut de choisir pour acolytes dans le cortége de cérémonie, d'un côté un boyard fameux, et de l'autre le nouveau beau-frère qu'il venait de se créer; car en Russie la puissance souveraine fait plus que des grands seigneurs, elle suscite des parents à qui n'en avait point; elle traite les familles comme des arbres qu'un jardinier peut élaguer, arracher, ou sur lesquels il peut greffer tout ce qu'il veut. Chez nous le despotisme est plus fort que nature, l'Empereur est non-seulement le représentant de Dieu, il est la puissance créatrice elle-même; puissance plus étendue que celle de notre Dieu; car celui-ci ne fait que l'avenir, tandis que l'Empereur refait le passé! La loi n'a point d'effet rétroactif, le caprice du despote en a un.

« Le personnage que Pierre voulait adjoindre au nouveau frère de l'Impératrice était le plus grand seigneur de Moscou, et, après le Czar, le principal personnage de l'Empire; il s'appelait le prince Romodanowsky.... Pierre lui fit dire par son premier ministre qu'il eût à se rendre à la cérémonie pour marcher à la procession à côté de l'Empereur, honneur que le boyard partagerait avec le nouveau frère de la nouvelle Impératrice.

« C'est bien, répondit le prince, mais de quel
« côté le Czar veut-il que je me place?

« — Mon cher prince, » répond le ministre courtisan, « pouvez-vous le demander? Le beau-frère
« de Sa Majesté ne doit-il pas avoir la droite?

« — Je ne marcherai pas, » répond le fier boyard.

« Cette réponse rapportée au Czar, provoque un second message :

« Tu marcheras, » lui fait dire le tyran, un moment démasqué par la colère, « tu marcheras ou je
« te fais pendre !

« — Dites au Czar¹, » réplique l'indomptable Moscovite, « que je le prie de commencer par mon fils
« unique qui n'a que quinze ans ; il se pourrait que
« cet enfant, après m'avoir vu périr, consentît par
« peur à marcher à la gauche du souverain, tandis
« que je suis assez sûr de moi pour ne jamais faire
« honte au sang des Romodanowski, ni avant ni
« après l'exécution de mon enfant. »

Le Czar, je le dis à sa louange, céda ; mais par vengeance contre l'esprit indépendant de l'aristocratie moscovite, il fit de Pétersbourg non un simple port sur la mer Baltique, mais la ville que nous voyons.

« Nicolas, » ajouta le prince K***, « n'eût pas cédé ; il eût envoyé le boyard et son fils aux mines, et *déclaré*, par un ukase *conçu dans les termes légaux*, que ni le père ni le fils ne pourraient avoir d'enfants ; peut-être aurait-il décrété que le père n'avait point été marié ; il se passe de ces choses en Russie assez fréquemment encore, et ce qui prouve qu'il est toujours permis de les faire, c'est qu'il est défendu de les raconter. »

¹ Pierre I ᵉʳ n'a pris le titre d'empereur qu'en 1721.

Quoi qu'il en soit, l'orgueil du noble Moscovite donne parfaitement l'idée de la singulière combinaison dont est sortie la société russe actuelle : ce composé monstrueux des minuties de Byzance et de la férocité de la horde, cette lutte de l'étiquette du Bas-Empire et des vertus sauvages de l'Asie a produit le prodigieux État que l'Europe voit aujourd'hui debout, et dont elle ressentira peut-être demain l'influence sans pouvoir en comprendre les ressorts.

Vous venez d'assister à l'humiliation du pouvoir arbitraire, bravé de front par l'aristocratie. Ce fait et bien d'autres m'autorisent à soutenir que l'aristocratie est ce qu'il y a de plus opposé au despotisme d'un seul, à l'autocratie ; l'âme de l'aristocratie est l'orgueil, tandis que le génie de la démocratie est l'envie. Vous allez voir combien un autocrate est facile à tromper.

Ce matin nous avons passé devant Revel. La vue de cette terre, qui n'est russe que depuis assez peu de temps, nous a rappelé le grand nom de Charles XII et la bataille de Narva. Dans cette bataille mourut un Français, le prince de Croï, qui combattait pour le Roi de Suède. On porta son corps à Revel, où il ne put être enterré, parce que pendant la campagne il avait contracté des dettes dans cette province, et qu'il ne laissait pas de quoi les acquitter. D'après une ancienne loi, ou plutôt une coutume du pays, on déposa son corps dans l'église de Revel, en attendant que les héritiers pussent satisfaire les créanciers.

Ce cadavre est encore aujourd'hui dans la même église, où il fut déposé il y a plus de cent ans.

Le capital de la dette primitive s'est augmenté d'abord des intérêts, puis de la somme destinée chaque jour à l'entretien du corps, très-mal entretenu. La créance principale, les frais et les intérêts accumulés ont produit une dette totale si énorme, qu'il est peu de fortunes aujourd'hui qui pourraient suffire à l'acquitter.

Or, il y a une vingtaine d'années que l'Empereur Alexandre passait par Revel; en visitant l'église principale de cette ville, il aperçoit le cadavre, et se récrie contre ce hideux spectacle : on lui conte l'histoire du prince de Croï; il ordonne que le corps soit mis en terre le lendemain, et l'église purifiée.

Le lendemain l'Empereur part et le corps du prince de Croï est porté au cimetière; à la vérité le surlendemain il était replacé dans l'église à l'endroit même où l'avait laissé l'Empereur.

S'il n'y a pas de justice en Russie, vous voyez qu'il y a des habitudes plus fortes que la loi suprême.

Ce qui m'a le plus amusé pendant cette trop courte traversée, c'est que je me suis vu sans cesse obligé de justifier la Russie contre le prince K***. Ce parti que j'ai pris sans aucun calcul, uniquement pour obéir à mon instinct d'équité, m'a valu la bienveillance de tous les Russes qui nous entendent causer. La sincérité des jugements que cet aimable prince K*** porte sur son pays me prouve au moins qu'en Russie quelqu'un peut avoir son franc parler. Quand je lui dis cela, il me répond qu'il n'est pas Russe!! Singulière prétention!... Russe ou étranger, il dit ce qu'il pense, parce qu'il a occupé de grands emplois, dissipé deux fortunes, usé la faveur de plusieurs souverains, parce qu'il est vieux, malade et particulièrement protégé par une personne de la famille impériale qui sait trop bien ce que c'est que l'esprit pour le craindre. D'ailleurs pour éviter la Sibérie il prétend qu'il écrit des Mémoires, et qu'à mesure qu'il termine un volume il le dépose en France. L'Empereur craint la publicité comme la Russie craint l'Empereur. Je ne cesse d'écouter le prince K*** avec l'intérêt qu'il mérite; je le trouve un homme des plus intéressants dans la conversation; mais j'appelle souvent de ses arrêts.

Je suis frappé de l'excessive inquiétude des Russes à l'égard du jugement qu'un étranger pourrait porter sur eux; on ne saurait montrer moins d'indépendance; l'impression que leur pays doit produire sur l'esprit d'un voyageur les préoccupe sans cesse. Où en seraient les Allemands, les Anglais, les Français, tous les peuples de l'Europe, s'ils se laissaient aller à tant de puérilité? Si les épigrammes du prince K*** révoltent ses compatriotes, c'est bien moins parce qu'elles blessent en eux une affection sérieuse, qu'à cause de l'influence qu'elles peuvent exercer sur moi qui suis un homme important à leurs yeux, parce qu'on leur a dit que j'écrivais mes voyages.

« N'allez pas vous laisser prévenir contre la Russie par ce mauvais Russe, n'écrivez pas sous l'impression de ses mensonges, c'est pour faire de l'esprit français à nos dépens qu'il parle comme vous l'entendez parler; mais, au fond, il ne pense pas un mot de ce qu'il vous dit. »

Voilà ce qu'on me répète tout bas dix fois le jour. Ma pensée est comme un trésor où chacun se croit le droit de puiser à son profit; aussi je sens mes pauvres idées se brouiller, et à la fin de la journée je doute moi-même de mon opinion : c'est ce qui plaît aux Russes; quand nous ne savons plus que dire ni que penser de leur pays ils triomphent.

Il me semble qu'ils se résigneraient à être effectivement plus mauvais et plus barbares qu'ils ne sont, pourvu qu'on les crût meilleurs et plus civilisés. Je n'aime pas les esprits disposés à faire si bon marché de la vérité; la civilisation n'est point une mode, une ruse, c'est une force qui a son résultat, une racine qui pousse sa tige, produit sa fleur et porte son fruit.

« Du moins vous ne nous appellerez pas *les barbares du Nord*, comme font vos compatriotes.... » Voilà ce qu'on me dit chaque fois qu'on me voit amusé ou touché de quelque récit intéressant, de quelque mélodie nationale, de quelque beau trait de patriotisme, de quelque sentiment noble et poétique attribué à un Russe.

Moi je réponds à toutes ces craintes par des compliments insignifiants; mais je pense tout bas que j'aimerais mieux les barbares du Nord que les singes du Midi.

Il y a des remèdes à la sauvagerie primitive, il n'y en a point à la manie de paraître ce qu'on n'est pas.

Une espèce de savant russe, un grammairien, traducteur de plusieurs ouvrages allemands, professeur à je ne sais quel collége, s'est approché de moi le plus qu'il a pu pendant ce voyage. Il vient de parcourir l'Europe, et retourne en Russie plein de zèle, dit-il, pour y propager ce qu'il y a de bon dans les idées modernes des peuples de l'Occident. La liberté de ses discours m'a paru suspecte; ce n'est pas le luxe d'indépendance du prince K***, c'est un libéralisme étudié et calculé pour faire parler les autres. J'ai pensé qu'il devait toujours se rencontrer quelque *savant* de cette espèce aux approches de la Russie, dans les auberges de Lubeck, sur les bateaux à vapeur, et même au Havre, qui, grâce à la navigation de la mer du Nord et de la mer Baltique, devient frontière moscovite.

Cet homme a tiré de moi fort peu de chose. Il désirait surtout savoir si j'écrirais mon voyage, et m'offrait obligeamment le secours de ses lumières. Je ne l'ai guère questionné; ma réserve n'a pas laissé que de lui causer un certain étonnement mêlé de satisfaction, et je l'ai quitté bien persuadé « que je voyage uniquement afin de me distraire, et cette fois sans avoir l'intention de publier la relation d'une course qui sera si rapide, qu'elle ne me permettra pas de recueillir une quantité de détails suffisante pour intéresser le public. »

Il m'a paru tranquillisé par cette assurance, que je lui ai donnée sous toutes les formes, directement et indirectement. Mais son inquiétude, que j'ai su calmer, a éveillé la mienne. Si je veux écrire ce voyage, je dois m'attendre à inspirer de l'ombrage au gouvernement le plus fin et le mieux servi du monde par ses espions. C'est toujours désagréable; je cacherai mes lettres, je me tairai, mais je n'affecterai rien; en fait de masque, celui qui trompe le mieux, c'est encore le visage découvert.

Ma prochaine lettre sera datée de Pétersbourg.

SOMMAIRE DE LA LETTRE SEPTIÈME.

La marine russe. — Orgueil qu'elle inspire aux gens du pays. — Mot de lord Durham. — Évolutions des apprentis. — Grands efforts pour un petit résultat. — Cachet du despotisme. — Kronstadt. — Naufrage risible. — Douane russe. — Tristesse de la nature aux approches de Pétersbourg. — Souvenirs de Rome. — Nom donné par les Anglais aux vaisseaux de la marine royale. — Découragement. — Pensée de Pierre Ier. — Les Génois. — Ile de Kronstadt. — Batteries de la forteresse. — Leur efficacité. — Plusieurs espèces de Russes de salon. — Difficultés du débarquement pour les voitures. — Abrutissement des employés inférieurs. — Interrogatoire subi par devant les délégués de la police et de la douane. — Lenteurs des douaniers. — Mauvaise humeur des seigneurs russes. — Leur jugement sur la Russie. — Le chef suprême des douaniers. — Ses manières dégagées. — Nouvel examen. — L'Empereur n'y peut rien. — Changement subit dans les manières de mes compagnons de voyage. — Ils me quittent sans me dire adieu. — Ma surprise.

LETTRE SEPTIÈME.

Pétersbourg, ce 10 juillet 1839.

Aux approches de Kronstadt, forteresse sous-marine, dont les Russes s'enorgueillissent, à juste titre, on voit le golfe de Finlande s'animer tout à coup : les imposants navires de la marine impériale le sillonnent en tous sens : c'est la flotte de l'Empereur : elle reste gelée dans le port pendant plus de six mois de l'année, et pendant les trois mois d'été tous les cadets de marine s'exercent à la faire manœuvrer entre Saint-Pétersbourg et la mer Baltique. Voilà comme on emploie pour l'instruction de la jeunesse, le temps que le soleil accorde à la navigation, sous ces latitudes. Avant d'arriver aux environs de Kronstadt, nous voguions sur une mer presque déserte et qui n'était égayée de loin en loin que par l'apparition de quelques rares vaisseaux marchands ou par la fumée encore plus rare des pyroscaphes. *Pyroscaphe* est le nom savant qu'on donne aux bateaux à vapeur dans la langue maritime adoptée par une partie de l'Europe.

La mer Baltique avec ses teintes peu brillantes,

avec ses eaux peu fréquentées, annonce le voisinage d'un continent dépeuplé par les rigueurs du climat. Là des côtes stériles sont en harmonie avec une mer froide et vide, et la tristesse du sol, du ciel, la teinte froide des eaux, glace le cœur du voyageur.

A peine va-t-il toucher à ce rivage peu attrayant qu'il voudrait déjà s'en éloigner; il se rappelle en soupirant le mot d'un favori de Catherine à l'Impératrice qui se plaignait des effets du climat de Pétersbourg sur sa santé : « Ce n'est pas la faute du bon Dieu, Madame, si les hommes se sont obstinés à bâtir la capitale d'un grand Empire dans une terre destinée par la nature à servir de patrie aux ours et aux loups! »

Mes compagnons de voyage m'ont expliqué avec orgueil les récents progrès de la marine russe. J'admire ce prodige sans l'apprécier comme ils l'apprécient. C'est une création ou plutôt une récréation de l'empereur Nicolas. Ce prince s'amuse à réaliser la pensée dominante de Pierre Ier; mais quelque puissant que soit un homme, il est bien forcé tôt ou tard de reconnaître que la nature est plus forte que tous les hommes. Tant que la Russie ne sortira pas de ses limites naturelles, la marine russe sera le hochet des Empereurs : rien de plus !..

On m'a expliqué que pendant la saison des exercices nautiques, les plus jeunes élèves restent à faire leurs évolutions aux environs de Kronstadt, tandis que les habiles poussent leurs voyages de découvertes jusqu'à Riga, quelquefois même jusqu'à Copenhague. Que dis-je ? deux vaisseaux russes dont sans doute la manœuvre est dirigée par des étrangers, ont déjà fait, ou se disposent à faire le tour du monde.

Malgré l'orgueil courtisan avec lequel les Russes me vantaient les prodiges de la volonté du maître qui veut avoir et qui a une marine impériale, dès que je sus que les vaisseaux que je voyais étaient là uniquement pour l'instruction des élèves, un secret ennui éteignit ma curiosité. Je me crus à l'école, et la vue de ce golfe uniquement animé par l'étude ne m'a plus causé qu'une inexprimable impression de tristesse.

Ce mouvement qui n'a pas sa nécessité dans les faits, qui n'est ni le résultat de la guerre, ni le résultat du commerce, m'a semblé une parade. Or Dieu sait et les Russes savent si la parade est un plaisir !.. Le goût des revues est poussé en Russie jusqu'à la manie : et voilà qu'avant d'entrer dans cet empire des évolutions militaires, il faut que j'assiste à une revue sur l'eau!!... Je n'en veux pas rire: la puérilité en grand me paraît une chose épouvantable; c'est une monstruosité qui n'est possible que sous la tyrannie, dont elle est la révélation la plus terrible peut-être!... Partout ailleurs que sous le despotisme absolu, quand les hommes font de grands efforts c'est pour arriver à un grand but : il n'y a que chez les peuples aveuglément soumis que le maître peut ordonner d'immenses sacrifices pour produire peu de chose.

La vue des forces maritimes de la Russie, réunies pour l'amusement du Czar, l'orgueil de ses flatteurs et l'instruction de ses apprentis à la porte de sa capitale, ne m'a donc causé qu'une impression pénible. J'ai senti au fond de cet exercice de collége une volonté de fer employée à faux, et qui opprime les hommes pour se venger de ne pouvoir vaincre les choses. Des vaisseaux qui seront nécessairement perdus en peu d'hivers sans avoir servi me représentent, non la force d'un grand pays, mais les sueurs inutilement versées du pauvre peuple; l'eau glacée plus de la moitié de l'année est le plus redoutable ennemi de cette marine de guerre. Chaque automne, au bout de trois mois d'exercice, l'écolier rentre dans sa cage, le jouet dans sa boîte et la gelée fait seule une guerre sérieuse aux finances impériales.

Lord Durham l'a dit à l'Empereur lui-même, et par cette franchise il le blessait dans l'endroit le plus sensible de son cœur dominateur : « Les vaisseaux de guerre des Russes sont les joujoux de l'Empereur de Russie. »

Quant à moi, ce colossal enfantillage ne me dispose nullement à l'admiration pour ce que je vais trouver dans l'intérieur de l'Empire. Pour admirer la Russie en y arrivant par eau, il faudrait oublier l'entrée de l'Angleterre par la Tamise : c'est la mort et la vie.

En jetant l'ancre devant Kronstadt, nous apprîmes qu'un des beaux vaisseaux que nous avions vu manœuvrer autour de nous, l'instant d'auparavant, venait d'échouer sur un banc de sable. Ce naufrage sans danger n'était grave que pour le capitaine qui s'attendait à être cassé le lendemain; et peut-être puni plus sévèrement. Le prince K*** me disait tout bas que ce malheureux aurait mieux fait de périr avec son vaisseau. L'équipage moins exposé aux réprimandes n'était pas de cet avis, ni notre compagne de voyage : la princesse L***.

Cette dame a un fils embarqué en ce moment sur le malencontreux vaisseau. Très-inquiète, elle allait s'évanouir encore une fois comme elle avait fait la veille lors de l'accident arrivé à la machine de notre bâtiment; mais elle fut rassurée à temps par le gouverneur de Kronstadt qui vint lui donner de bonnes nouvelles.

Les Russes me répètent sans cesse qu'il faut passer au moins deux ans en Russie avant de se permettre de juger leur pays, le plus difficile de la terre à définir.

Mais si la prudence, la patience sont des vertus nécessaires aux voyageurs savants, ou à ceux qui aspirent à la gloire de produire des ouvrages difficiles, moi qui crains ce qui a donné de la peine à écrire parce que cela en donne à lire, je suis résolu à ne pas faire d'un journal un travail. Jusqu'à présent je n'écris que pour vous et pour moi.

J'avais peur de la douane russe, mais on m'assure que mon écritoire sera respectée. Au surplus, pour peindre la Russie telle que je l'entrevois du premier coup d'œil et pour tout dire selon mon habitude, sans égard aux inconvénients de ma sincérité, je prévois qu'il faudrait casser bien des vitres..... je n'en casserai je crois aucunes, la paresse l'emportera.

LETTRE SEPTIÈME.

Rien n'est triste comme la nature aux approches de Pétersbourg; à mesure qu'on s'enfonce dans le golfe, la marécageuse Ingrie qui va toujours s'aplatissant, finit par se réduire à une petite ligne tremblotante tirée entre le ciel et la mer; cette ligne c'est la Russie.... c'est-à-dire une lande humide, basse et parsemée à perte de vue de bouleaux qui ont l'air pauvres et malheureux. Ce paysage uni, vide, sans accidents, sans couleur, sans bornes et pourtant sans grandeur, est tout juste assez éclairé pour être visible. Ici la terre grise est bien digne du pâle soleil qui l'éclaire, non d'en haut, mais de côté, presque d'en bas : tant ses rayons obliques forment un angle aigu avec la surface de ce sol, disgracié du créateur. En Russie, les plus beaux jours de l'année sont bleuâtres. Si les nuits ont une clarté qui étonne, les jours conservent une obscurité qui attriste.

Kronstadt avec sa forêt de mâts, ses substructions et ses remparts de granit, interrompt noblement la monotone rêverie du pèlerin qui vient comme moi demander des tableaux à cette terre ingrate. Je n'ai rencontré aux approches d'aucune grande ville rien d'aussi triste que les bords de la Néva. La campagne de Rome est un désert : mais que d'accidents pittoresques, que de souvenirs, que de lumière, que de feu, de poésie : si vous me passiez le mot, je dirais que de passion animent cette terre biblique! Avant Pétersbourg, on traverse un désert d'eau encadré par un désert de tourbe : mers, côtes, ciel, tout se confond, c'est une glace, mais si terne, si morne qu'on dirait que le cristal n'en est point étamé; cela ne reflète rien. Sur la mer les beaux vaisseaux de guerre impériaux destinés à pourrir sans avoir combattu, me poursuivaient comme un rêve. Dans leur idiome si poétique dès qu'il peint les scènes maritimes, les Anglais appellent un vaisseau de la marine royale; *un homme de guerre*. Jamais les Russes ne dénommeront de la sorte leurs bâtiments de parade. Muets esclaves d'un maître capricieux, courtisans de bois, ces pauvres *hommes de cour*, fidèle emblème des eunuques du sérail, sont les invalides de la marine impériale.

Loin de m'inspirer l'admiration qu'on attend ici de moi, cette improvisation despotique, cette marine inutile me cause une sorte de peur : non la peur de la guerre, celle de la tyrannie..... Elle me retrace tout ce qu'il y avait d'inhumanité dans le cœur de Pierre 1ᵉʳ, le type de tous les souverains russes, anciens et modernes,.... et je me dis : où vais-je ? qu'est-ce que la Russie ? La Russie : c'est un pays où l'on peut faire les plus grandes choses pour le plus mince résultat !!.. N'y allons pas !..

Quelques misérables barques, dirigées par des pêcheurs sales comme des Esquimaux, quelques bateaux employés à remorquer de longs trains de bois de construction destinés *à la marine impériale*, quelques paquebots à vapeur, pour la plupart construits et conduits par des étrangers : voilà tout ce qui égayait la scène; aussi rien ne m'empêchait de m'enfoncer dans mon humeur morose.

Telles sont les approches de Pétersbourg ; tout ce qu'il y avait dans le choix de ce site de contraire aux vues de la nature, aux besoins réels d'un grand peuple, a donc passé devant l'esprit de Pierre-le-Grand sans le frapper? La mer à tout prix : voilà ce qu'il disait !!... Bizarre idée pour un Russe que celle de fonder la capitale de l'Empire des Slaves chez les Finois, contre les Suédois ! Pierre-le-Grand eut beau dire qu'il ne voulait que donner un port à la Russie, s'il avait le génie qu'on lui prête, il devait pressentir la portée de son œuvre, et quant à moi je ne doute pas qu'il ne l'ait pressentie. La politique, et je le crains bien, les vengeances d'amour-propre du Czar irrité par l'indépendance des vieux Moscovites, ont fait les destinées de la Russie moderne.

La Russie est comme un homme plein de vigueur qui étouffe ; elle manque de débouchés. Pierre Ier lui en avait promis, mais sans s'apercevoir qu'une mer nécessairement fermée huit mois de l'année n'est pas ce que sont les autres mers. Mais les noms sont tout pour les Russes. Les efforts de Pierre Ier, de ses sujets et de ses successeurs, tout étonnants qu'ils sont, n'ont produit qu'une ville difficile à habiter, à laquelle la Néva dispute son sol à chaque coup de vent qui part du golfe, et d'où les hommes pensent à fuir à chaque pas que la guerre leur permet de faire vers le Midi. Pour un bivouac, des quais de granit étaient de trop.

Les Finois, près desquels les Russes sont allés bâtir leur capitale, sont Scythes d'origine ; c'est un peuple presque païen encore ; vrais habitants du sol de Pétersbourg, ils sont encore tellement sauvages, que ce n'est qu'en 1836 qu'a paru l'ukase qui oblige le prêtre à joindre un nom de famille au nom de saint qu'il donne à l'enfant qu'il baptise. Où la famille n'existe pas, à quoi sert de la désigner ?

Cette race est sans physionomie ; elle a le milieu du visage aplati ; ce qui rend ses traits difformes. Ces hommes laids, sales, sont, m'a-t-on dit, assez forts ; ils n'en paraissent pas moins chétifs, petits et pauvres. Quoiqu'ils soient les indigènes, on en voit peu à Pétersbourg, ils habitent aux environs dans des campagnes marécageuses et sur des côtes granitiques, mais peu élevées; ce n'est guère qu'aux jours de marché qu'ils viennent dans la ville.

Kronstadt est une île très-plate au milieu du golfe de Finlande : cette forteresse aquatique ne s'élève au-dessus de la mer que tout juste assez pour en défendre la navigation aux vaisseaux ennemis qui voudraient attaquer Pétersbourg. Ses cachots, ses fondations, sa force sont en grande partie sous l'eau. L'artillerie dont elle est munie est disposée, disent les Russes, avec beaucoup d'art; dans une décharge chaque coup porterait, et la mer tout entière serait labourée comme une terre émiettée par le soc et la herse : grâce à cette grêle de boulets qu'un ordre de l'Empereur peut faire pleuvoir à volonté sur l'ennemi, la place passe pour imprenable. J'ignore si ses canons peuvent fermer les deux passes du golfe; les Russes qui pourraient m'instruire ne le voudraient pas. Pour répondre à cette question, il faudrait calculer la portée et la direction des boulets, et sonder la profondeur des deux détroits. Mon expérience, quoique de fraîche date, m'a déjà enseigné à me défier des rodomontades et des exagérations inspirées aux Russes par un excès de zèle pour le service de leur maître. Cet orgueil national ne me paraîtrait tolérable que chez un peuple libre. Quand on se montre fier par flatterie, la cause me fait haïr l'effet; tant de gloriole n'est que de la peur, me dis-je; tant de hauteur qu'une bassesse ingénieusement déguisée. Cette découverte me rend hostile.

En France comme en Russie, j'ai rencontré deux espèces de Russes de salons : ceux dont la prudence s'accorde avec l'amour-propre pour louer leur pays à outrance, et ceux qui, voulant se donner l'air plus élégant, plus civilisé, affectent soit un profond dédain, soit une excessive modestie chaque fois qu'ils parlent de la Russie. Jusqu'à présent je n'ai été dupe ni des uns ni des autres; mais j'aimerais à trouver une troisième espèce, celle des Russes tout simples; je la cherche.

Nous sommes arrivés à Kronstadt vers l'aube d'un de ces jours sans fin comme sans commencement, que je me lasse de décrire, mais que je ne me lasse pas d'admirer, c'est-à-dire à minuit et demi. La saison de ces longs jours est courte, déjà elle touche à son terme.

Nous avons jeté l'ancre devant la forteresse silencieuse; mais il fallut attendre longtemps le réveil d'une armée d'employés qui venaient à notre bord les uns après les autres : commissaires de police, directeurs, sous-directeurs de la douane, et enfin le gouverneur de la douane lui-même; cet important personnage se crut obligé de nous faire une visite en l'honneur des illustres passagers russes présents sur *le Nicolas I*^{er}. Il s'est longtemps entretenu avec les princes et princesses qui se disposent à rentrer à Pétersbourg. On parlait russe, probablement parce que la politique de l'Europe occidentale était le sujet de la conversation; mais quand l'entretien tomba sur les embarras du débarquement et sur la nécessité d'abandonner sa voiture et de changer de vaisseau, on parla français.

Le paquebot de Travemünde prend trop d'eau pour remonter la Néva; il reste à Kronstadt avec les gros bagages, tandis que les voyageurs sont transférés à Pétersbourg par un petit bateau à vapeur sale et mal construit. Nous avons la permission d'emporter avec nous sur ce nouveau bâtiment nos malles et nos paquets les plus légers, pourvu toutefois que nous les fassions plomber par les douaniers de Kronstadt. Cette formalité accomplie, on part avec l'espoir de voir arriver sa voiture à

Pétersbourg le surlendemain ; en attendant, cette voiture reste à la garde de Dieu.... et des douaniers qui la font charger par des hommes de peine d'un vaisseau sur l'autre ; opération toujours assez scabreuse, mais dont les inconvénients deviennent graves à Kronstadt à cause du peu de soin des hommes auxquels on la confie.

Les princes russes furent obligés comme moi, simple étranger, de se soumettre à la loi de la douane ; cette égalité me plut tout d'abord ; mais en arrivant à Pétersbourg je les vis délivrés en trois minutes, et moi j'eus à lutter trois heures contre des tracasseries de tout genre. Le privilége, un moment assez mal déguisé sous le niveau du despotisme, reparut, et cette résurrection me déplut.

Le luxe des petites précautions superflues engendre ici une population de commis ; chacun de ces hommes s'acquitte de sa charge avec une pédanterie, un rigorisme, un air d'importance uniquement destiné à donner du relief à l'emploi le plus obscur ; il ne se permet pas de proférer une parole ; mais on le voit penser à peu près ceci :

« Place à moi, qui suis un des membres de la grande machine de l'État. »

Ce membre, fonctionnant d'après une volonté qui n'est pas en lui, vit autant qu'un rouage d'horloge ; on appelle cela l'homme, en Russie.... La vue de ces automates volontaires me fait peur ; il y a quelque chose de surnaturel dans un individu réduit à l'état de pure machine. Si, dans les pays où les mécaniques abondent, le bois et le métal nous semblent avoir une âme, sous le despotisme les hommes nous semblent de bois ; on se demande ce qu'ils peuvent faire de leur superflu de pensée, et l'on se sent mal à l'aise à l'idée de la force qu'il a fallu exercer contre des créatures intelligentes pour parvenir à en faire des choses ; en Russie j'ai pitié des personnes, comme en Angleterre j'avais peur des machines. Là il ne manque aux créations de l'homme que la parole ; ici la parole est de trop aux créatures de l'État.

Ces machines, incommodées d'une âme, sont, au reste, d'une politesse épouvantable ; on voit qu'elles ont été ployées dès le berceau à la civilité comme au maniement des armes ; mais quel prix peuvent avoir les formes de l'urbanité quand le respect est de commande ? Le despotisme a beau faire, la libre volonté de l'homme sera toujours une consécration nécessaire à tout acte humain, pour que l'acte ait une signification ; la faculté de choisir son maître peut seule donner du prix à la fidélité ; or, comme en Russie un inférieur ne choisit rien, tout ce qu'il fait et dit n'a aucun sens ni aucun prix.

A la vue de toutes ces catégories d'espions qui nous examinaient, et nous interrogeaient, il me prenait une envie de bâiller qui aurait aisément pu se tourner en envie de pleurer, non sur moi, mais sur ce peuple ; tant de précautions, qui passent ici pour indispensables, mais dont on se dispense parfaitement ailleurs, m'avertissaient que j'étais près d'entrer dans l'Empire de la peur; et la peur se gagne comme la tristesse; donc j'avais peur et j'étais triste.... par politesse.... pour me mettre au diapason de tout le monde.

On m'engagea à descendre dans la grande salle de notre paquebot, où je devais comparaître devant un aréopage de commis assemblés pour interroger les passagers. Tous les membres de ce tribunal, plus redoutable qu'imposant, étaient assis devant une grande table; plusieurs de ces hommes feuilletaient des registres avec une attention sinistre; ils paraissaient trop absorbés pour n'avoir pas quelque charge secrète à remplir; leur emploi avoué ne suffisait pas à motiver tant de gravité.

Les uns, la plume à la main, écoutaient les réponses des voyageurs, ou pour mieux dire des accusés, car tout étranger est traité en coupable à son arrivée sur la frontière russe; les autres transmettaient de vive voix à des copistes des paroles auxquelles nous n'attachions nulle importance; ces paroles se traduisant de langue en langue, et passant du français par l'allemand, arrivaient enfin au russe, où le dernier des scribes les fixait irrévocablement et peut-être arbitrairement sur son livre. On copiait les noms inscrits sur les passe-ports, chaque date, chaque visa étaient examinés avec un soin minutieux; mais le passager, martyrisé par cette torture morale, n'était jamais interrogé qu'en phrases dont le tour, correctement poli, me paraissait destiné à le consoler sur la sellette.

Le résultat du long interrogatoire qu'on me fit subir, ainsi qu'à tous les autres, fut qu'on me prit mon passe-port après m'avoir fait signer une carte, moyennant laquelle je pourrais, me disait-on, réclamer ce passe-port à Saint-Pétersbourg.

Tous semblaient avoir satisfait aux formalités ordonnées par la police, les malles, les personnes étaient déjà sur le nouveau bateau, depuis quatre heures d'horloge, nous languissions devant Kronstadt, et l'on ne parlait pas encore de partir.

A chaque instant de nouvelles nacelles noires sortaient de la ville et ramaient tristement vers nous : quoique nous eussions mouillé très-près des murs de la ville, le silence était profond.... Nulle voix ne sortait de ce tombeau; les ombres qu'on voyait naviguer autour étaient muettes comme les pierres qu'elles venaient de quitter; on aurait dit d'un convoi préparé pour un mort qui se faisait attendre. Les hommes qui dirigeaient ces embarcations lugubres et mal soignées étaient vêtus de grossières capotes de laine grise, leurs physionomies manquaient d'expression; ils avaient des yeux sans regard, un teint vert et jaune; on me dit que c'étaient des matelots attachés à la garnison; ils ressemblaient à des soldats. Le grand jour était venu depuis longtemps, et il ne nous avait apporté guère plus de lumière que l'aurore; l'air était étouffant, et le soleil, encore peu élevé, mais réfléchi sur l'eau, m'incommodait. Quelquefois les canots tournaient autour de nous en silence sans que personne montât à notre bord; d'autres fois six ou douze matelots déguenillés, à demi couverts de peaux de mouton retournées, la laine en dedans et le cuir crasseux en dehors, nous amenaient un nouvel agent de police, ou un officier de la garnison, ou un douanier en retard; ces allées et venues, qui n'avançaient pas nos affaires, me donnaient au moins le loisir de faire de tristes réflexions sur l'espèce de saleté particulière aux hommes du Nord. Ceux du Midi passent leur vie à l'air à demi nus ou dans l'eau; ceux du Nord, presque toujours renfermés, ont une malpropreté huileuse et profonde qui me paraît plus repoussante que la négligence des peuples destinés à vivre sous le ciel et nés pour se chauffer au soleil.

L'ennui auquel les minuties russes nous condamnaient me donna aussi l'occasion de remarquer que les grands seigneurs du pays sont peu endurants pour les inconvénients de l'ordre public, quand cet ordre pèse sur eux.

« La Russie est le pays des formalités inutiles » murmuraient-ils entre eux, mais en français de peur d'être entendus des employés subalternes. J'ai retenu la remarque dont ma propre expérience ne m'a déjà que trop prouvé la justesse : d'après ce que j'ai pu entrevoir jusqu'ici, un ouvrage qui aurait pour titre *les Russes jugés par eux-mêmes* serait sévère; l'amour de leur pays n'est pour eux qu'un moyen de flatter le maître; sitôt qu'ils pensent que ce maître ne peut les entendre, ils parlent de tout avec une franchise d'autant plus redoutable que ceux qui écoutent deviennent responsables.

La cause de tant de retards nous fut enfin révélée. Le chef des chefs, le supérieur des supérieurs, le directeur des directeurs des douaniers se présente : c'était cette dernière visite que nous attendions depuis longtemps sans le savoir. Au lieu de s'astreindre à porter l'uniforme, ce fonctionnaire suprême arrive en frac comme un simple particulier. Il paraît que son rôle est de jouer l'homme du monde. D'abord, il fait le gracieux, l'élégant auprès des dames russes; il rappelle à la princesse D*** leur rencontre dans une maison où la princesse n'a jamais été; il lui parle des bals de la cour, où elle ne l'a jamais vu : enfin il nous donne la comédie, il la donne surtout à moi, qui ne me doutais guère qu'on pût affecter d'être plus qu'on n'est, dans un pays où la vie est notée, où le rang de chacun est écrit sur son chapeau ou sur son épaulette : mais, le fond de l'homme est le même partout.... Notre douanier de salon, tout en continuant de se donner des airs de cour, confisque élégamment un parasol, arrête une malle, emporte un nécessaire; et renouvelle avec un sang-froid imperturbable des recherches déjà consciencieusement faites par ses subordonnés.

Dans l'administration russe les minuties n'excluent pas le désordre. On se donne une grande peine pour atteindre un petit but, et l'on ne croit jamais pouvoir faire assez pour montrer son zèle. Il résulte de cette émulation de commis, qu'une formalité n'assure pas l'étranger contre une autre. C'est comme un pillage : parce que le voyageur est sorti des mains d'une première troupe, ce n'est pas à dire qu'il n'en rencontrera pas une seconde, une troisième, et toutes ces escouades échelonnées sur son passage, le tracassent à l'envi.

La conscience plus ou moins timorée des employés de tous grades auxquels il peut avoir affaire, décide de son sort. Il aura beau dire, si on lui en veut, il ne sera jamais en règle : et c'est un pays ainsi administré qui veut passer pour civilisé à la manière des États de l'Occident !..

Le chef suprême des geôliers de l'Empire procéda lentement à l'examen du bâtiment : il fut long, très-long à remplir sa charge; la conversation à soutenir est un soin qui complique les fonctions de ce cerbère musqué, musqué à la lettre ; car il sent le musc d'une lieue. Enfin nous sommes débarrassés des cérémonies de la douane, des politesses de la police, délivrés des saluts militaires et du spectacle de la plus profonde misère qui puisse défigurer la race humaine ; car les rameurs de messieurs de la douane russe sont des créatures d'une espèce à part. Comme je ne pouvais rien pour elles, leur présence m'était odieuse, et chaque fois que ces misérables amenaient à notre bord les officiers de tous grades employés au service des douanes et de la police maritime, la plus sévère police de l'Empire, je détournais les yeux. Ces matelots en haillons déshonorent leur pays : ce sont des espèces de galériens huileux, qui passent leur vie à transporter les commis et les officiers de Kronstadt, à bord des vaisseaux étrangers. En voyant leur figure et en pensant à ce qui s'appelle exister pour ces infortunés, je me demandais ce que l'homme a fait à Dieu pour que soixante millions de ses semblables soient condamnés à vivre en Russie.

Au moment d'appareiller je m'approchai du prince K***.

« Vous êtes Russe, lui dis-je, aimez donc assez votre pays, pour engager le ministre de l'intérieur ou celui de la police à changer tout cela ; qu'il se déguise un beau jour, en étranger non suspect tel que moi et qu'il vienne à Kronstadt pour voir de ses yeux ce que c'est que d'entrer en Russie. »

« A quoi bon, » reprit le prince, « l'Empereur n'y pourrait rien. »

— « L'Empereur non, mais le ministre ! »

Enfin, nous partons, à la grande joie des princes et princesses russes qui vont retrouver famille et patrie : leur bonheur démentait les observations de mon aubergiste de Lubeck, à moins que cette fois encore l'exception ne confirme la règle. Mais moi, je ne me réjouissais pas, je craignais au contraire de quitter une société charmante pour aller me perdre dans une ville dont les abords m'attristaient; elle n'existait déjà plus cette société du hasard : dès la veille l'approche de la terre avait rompu nos liens, liens fragiles formés uniquement par les passagères nécessités du voyage.

Ainsi le vent qui souffle vers le soir amoncèle des nuages à l'horizon, la lumière du couchant les illumine en variant leur aspect, leurs formes répondent aux rêves de l'imagination la plus riante ; ce ne sont que palais enchantés et peuplés d'êtres fantastiques, que nymphes, que déesses, menant leur ronde joyeuse dans l'espace éthéré; on ne voit que des grottes habitées par des Syrènes, que des îles flottant sur une mer de feu ; enfin c'est un monde nouveau ; si quelque monstre, si quelque figure grotesque se mêle à ces groupes charmants, elle rehausse par le contraste, la beauté des tableaux agréables : mais le vent vient-il à changer, ou seulement continue-t-il de souffler, le soleil de baisser : tout a disparu.... le rêve est fini, le froid, le vide succède aux créations de la lumière évanouie, le crépuscule s'enfuit avec son cortége d'illusions ; la nuit est venue.

Les femmes du Nord s'entendent merveilleusement à nous laisser croire qu'elles eussent choisi ce que la destinée leur fait rencontrer. Ce n'est pas fausseté, c'est coquetterie raffinée, elles sont polies envers le sort. C'est une grâce souveraine ; la grâce est toujours naturelle, ce qui n'empêche pas qu'on s'en serve souvent pour cacher le mensonge : ce qu'il y a de violent et de forcé dans les diverses situations de la vie disparaît chez les femmes gracieuses, et chez les hommes poëtes ; ce sont les êtres les plus trompeurs de la création ; le doute fuit devant leur souffle, ils créent ce qu'ils imaginent ; nulle défiance ne tient contre leur parole, s'ils ne mentent pas à d'autres, ils se mentent à eux-mêmes : car leur élément, c'est le prestige ;

leur bonheur, l'illusion ; leur vocation, le plaisir fondé sur l'apparence. Craignez la grâce des femmes et la poésie des hommes : armes d'autant plus dangereuses qu'on les redoute moins !

Voilà ce que je me disais en quittant les murs de Kronstadt, nous étions là tous, présents encore, et nous n'étions plus réunis : l'âme manquait à ce cercle animé la veille par une secrète harmonie qui ne se rencontre que bien rarement dans les sociétés humaines. Peu de choses m'ont paru plus tristes que cette brusque vicissitude ; c'est la condition des plaisirs de ce monde, je l'avais prévu ; j'ai subi cent fois la même expérience ; mais je n'ai pas toujours reçu la lumière d'une façon si brusque : d'ailleurs, qu'y a-t-il de plus poignant que les douleurs dont on ne peut accuser personne ? Je voyais chacun prêt à rentrer dans sa voie : la destinée commune traçait son ornière devant ces pèlerins rengagés dans la vie habituelle : la liberté du voyage n'existait plus pour eux, ils rentraient dans la vie réelle, et moi je restais seul à errer de pays en pays : errer toujours ce n'est pas vivre. Je me sentais abandonné, de cet abandon du voyage le plus profond de tous : et je comparais la tristesse de mon isolement à leurs joies domestiques. L'isolement avait beau être volontaire, en était-il plus doux ?... Dans ce moment tout me paraissait préférable à mon indépendance, et je regrettais jusqu'aux soucis de la famille. Les uns pensaient à la Cour et les autres à la douane, car malgré le temps perdu à Kronstadt, nos gros bagages n'avaient encore été que plombés : maintes parures, maints objets de luxe, peut-être même des livres, pesaient sur ces consciences qui la veille affrontaient les flots sans trouble, et qui maintenant étaient bourrelées à la vue d'un commis !... Je lisais dans les yeux des femmes l'attente des maris, des enfants, de la couturière, du coiffeur, du bal de la cour ; et j'y lisais que malgré les protestations de la veille, je n'existais déjà plus pour elles. Les gens du Nord ont des cœurs incertains, des sentiments douteux ; leurs affections sont toujours mourantes comme les pâles lueurs de leur soleil : ne tenant à rien, ni à personne, quittant volontiers le sol qui les a vus naître ; créés pour les invasions, ces peuples sont uniquement destinés à descendre du pôle à des époques marquées par Dieu, pour rafraîchir les races du Midi brûlées par le feu des astres et par celui des passions.

Aussitôt arrivés à Pétersbourg, *mes amis* servis

selon leur rang, furent délivrés; ils quittèrent leur prison de voyage sans même me dire adieu, à moi qu'ils laissaient courbé sous le poids des fers de la police et de la douane. A quoi bon dire adieu? j'étais mort.—Qu'est-ce qu'un voyageur pour des mères de famille?... Pas un mot cordial, pas un regard, pas un souvenir ne me fut accordé!... C'était la toile blanche de la lanterne magique après que les ombres y ont passé. Je vous le répète : je m'attendais bien à ce dénouement, mais je ne m'attendais pas à la peine qu'il m'a causée ; tant il est vrai que c'est en nous-mêmes qu'est la source de toutes nos surprises!...

Trois jours avant d'arriver à terre, deux des aimables voyageuses m'avaient fait promettre d'aller les voir à Pétersbourg; la cour est tout ici, je n'ai pas encore été présenté; j'attendrai.

SOMMAIRE DE LA LETTRE HUITIÈME.

Arrivée à Pétersbourg par la Néva. — Architecture. — Contradiction entre le caractère du site et le style des édifices importés du Midi. — Absurde imitation des monuments de la Grèce. — La nature aux environs de Pétersbourg. — Tracasseries de la douane et de la police. — Interrogatoire minutieux. — On retient mes livres. — Difficultés du débarquement. — Aspect des rues. — Statue de Pierre-le-Grand. — Trop fameuse. — Palais d'hiver. — Rebâti en un an. — A quel prix ? — Le despotisme se révèle dès le premier pas qu'on fait dans ce pays. — Citation d'Herberstein. — Karamsin. — La vanité des Russes les aveugle sur l'inhumanité de leur gouvernement. — Esprit de la nation d'accord avec la politique de l'autocratie.

LETTRE HUITIÈME.

Pétersbourg, ce 11 juillet 1839, au soir.

Les rues de Pétersbourg ont un aspect étrange aux yeux d'un Français; je tâcherai de vous les décrire, mais je veux d'abord vous parler de l'entrée de la ville par la Néva. Elle a de la célébrité et les Russes en sont fiers à juste titre; cependant je l'ai trouvée au-dessous de sa réputation. Lorsque de très-loin on commence à découvrir quelques clochers, ce qu'on distingue fait un effet plus singulier qu'imposant. La légère épaisseur de terrain qu'on aperçoit de loin entre le ciel et la mer, devient un peu plus inégale dans quelques points que dans d'autres; voilà tout, et ces irrégularités imperceptibles ce sont les gigantesques monuments de la nouvelle capitale de la Russie. On dirait d'une ligne tracée par la main tremblante d'un enfant qui dessine quelque figure de mathématique. En approchant on commence à reconnaître les campaniles grecs, les coupoles dorées de quelques couvents, puis des monuments modernes, des établissements publics : le fronton de la bourse, les colonnades blanchies des écoles, des musées, des casernes, des palais qui bordent des quais de granit : une fois entré dans Pétersbourg, vous passez devant des sphinx également en granit; ils sont de dimensions colossales, et leur aspect est imposant. Néanmoins ces copies de l'antique n'ont aucun mérite comme œuvre d'art ; mais une ville de palais, c'est majestueux ! Toutefois, l'imitation des monuments classiques vous choque quand vous pensez au climat sous lequel ces modèles sont maladroitement transplantés. Mais bientôt vous êtes frappé de la forme et de la quantité de flèches, de tourelles, d'aiguilles métalliques qui s'élèvent de toutes parts : ceci est au moins de l'architecture nationale. Pétersbourg est flanqué de vastes et nombreux couvents à clochers : villes pieuses qui servent de rempart à la ville profane. Les églises russes ont conservé leur originalité primitive. Ce n'est pas que les Russes aient inventé ce style lourd et capricieux qu'on appelle bysantin. Mais ils sont grecs de religion, et leur caractère, leur croyance, leur instruction, leur histoire justifient les emprunts qu'ils font au Bas-Empire : on peut leur permettre d'aller chercher les modèles de leurs monuments à Constantinople; mais non pas à Athènes. Vus de la Néva, les parapets des quais de Pétersbourg sont imposants et magnifiques; mais au premier pas que vous faites à terre, vous découvrez que ces mêmes quais sont pavés en mauvais cailloux, incommodes, inégaux, aussi désagréables à l'œil que nuisibles aux piétons et pernicieux pour les voitures. Avant tout, on aime ici ce qui brille, quelques flèches dorées et fines comme des paratonnerres; des portiques dont la base disparaît presque sous l'eau, des places ornées de colonnes qui se perdent dans l'immensité des terrains qui les environnent; des statues antiques et dont les traits, le style et l'ajustement jure avec la nature du sol, avec la couleur du ciel, avec le climat comme avec la figure, le costume et les habitudes des hommes, si bien qu'elles ressemblent à des héros prisonniers chez leurs ennemis; des édifices dépaysés, des temples tombés du sommet des montagnes de la Grèce dans les marais de la Laponie, et qui par conséquent paraissent beaucoup trop écrasés pour le site où ils se trouvent transplantés sans savoir pourquoi : voilà ce qui m'a frappé d'abord.

Ces magnifiques palais des dieux du paganisme, qui couronnent admirablement de leurs lignes horizontales, de leurs contours sévères, les promontoires des rivages ioniens et dont les marbres dorés brillent de loin au soleil sur les rochers du Péloponèse, dans les ruines des Acropolis antiques, sont devenus ici des tas de plâtre et de mortier ; les détails incomparables de la sculpture grecque, les merveilleuses finesses de l'art classique ont fait place à je ne sais quelle burlesque habitude de décoration moderne qui passe parmi les Finlandais pour la preuve d'un goût pur en fait d'art. Imiter ce qui est parfait, c'est le gâter, on devrait copier strictement les modèles, ou inventer. Au surplus, la reproduction des monuments d'Athènes, si fidèle qu'on la suppose, serait perdue dans une plaine fangeuse toujours menacée d'être submergée par une eau à peu près aussi haute que le sol. Ici la nature demandait aux hommes tout le contraire de ce qu'ils ont imaginé ; au lieu d'imiter les temples païens, il fallait des constructions aux formes hardies, aux lignes verticales pour percer les brumes d'un ciel polaire, et pour rompre la monotone surface des steppes humides et gris qui forment à perte de vue et d'imagination le territoire de Pétersbourg. Je commence à comprendre pourquoi les Russes nous engagent avec tant d'instance à venir les voir pendant l'hiver : six pieds de neige cacheraient tout cela, tandis que l'été on voit le pays.

Parcourez le territoire de Pétersbourg et des provinces voisines vous n'y trouverez, m'a-t-on dit, pendant des centaines de lieues que des flaques d'eau, des pins rabougris, et des bouleaux à la sombre verdure. Certes, le linceul de l'hiver vaut mieux que la grise végétation de la belle saison. Toujours les mêmes bas-fonds ornés des mêmes broussailles pour tout paysage, si ce n'est en vous dirigeant vers la Suède et la Finlande. Là vous verriez une succession de petits rocs granitiques hérissés de pins qui changent l'aspect du terrain, sans varier beaucoup les paysages : vous pouvez bien penser que la tristesse d'une telle contrée n'est guère égayée par les lignes de petites colonnes que les hommes ont cru devoir bâtir sur cette terre plate et nue. Pour socle à des péristyles grecs, il faudrait des monts : il n'y a ici nul accord entre les inventions de l'homme et les données de la nature, et ce manque d'harmonie me choque à chaque instant; j'éprouve en me promenant dans cette ville le malaise qu'on ressent quand il faut causer avec une personne minaudière. Le portique, ornement aérien, est ici une gêne ajoutée à celle du climat : en un mot le goût des monuments sans goût est ce qui a présidé à la fondation et à l'agrandissement de Pétersbourg. Le contre-sens me paraît ce qu'il y a de plus caractéristique dans l'architecture de cette immense ville qui me fait l'effet d'une fabrique de mauvais style dans un parc; mais le parc c'est le tiers du monde, et l'architecte : Pierre-le-Grand.

Aussi quelque choqué qu'on soit des sottes imitations qui gâtent l'aspect de Pétersbourg, ne peut-on contempler sans une sorte d'admiration cette ville sortie de la mer à la voix d'un homme et qui pour subsister se défend contre une inondation périodique de glace et permanente d'eau : c'est le résultat d'une force de volonté immense : si l'on n'admire pas, on craint : c'est presque respecter.

Le paquebot de Kronstadt jeta l'ancre dans l'intérieur de Pétersbourg devant un quai de granit; le quai anglais en face du bureau des douanes est à peu de distance de la fameuse place où s'élève la statue de Pierre-le-Grand sur son rocher. Une fois ancré là on y reste longtemps; vous allez voir pourquoi.

Je voudrais vous épargner le détail des nouvelles persécutions que m'ont fait subir sous le nom générique de *simples* formalités, la police et sa fidèle associée la douane; cependant c'est un devoir, que de vous donner l'idée des difficultés qui attendent l'étranger à la frontière maritime de la Russie : on dit l'entrée par terre plus facile.

Trois jours par an, le soleil de Pétersbourg est insupportable : hier, pour mon arrivée, je suis tombé sur un de ces jours. On a commencé par nous parquer une grande heure sur le tillac de notre bâtiment, moi et les autres : les étrangers, non les Russes. Là, nous étions exposés sans abri à la plus forte chaleur et au grand soleil du matin. Il était huit heures et il faisait jour depuis une heure après minuit. On parle de trente degrés de chaleur au thermomètre de Réaumur; rappelez-vous que cette température devient plus incommode dans le Nord que dans les climats dits chauds parce que l'air y est lourd et chargé de brume.

Il a fallu comparaître devant un nouveau tribunal qui s'est assemblé, comme celui de Kronstadt, dans la grande chambre de notre bâtiment. Les mêmes questions m'ont été adressées avec la même politesse, et mes réponses traduites avec les mêmes formalités.

« Que venez-vous faire en Russie?

— Voir le pays.

— Ce n'est pas là un motif de voyage. (N'admirez-vous pas l'humilité de l'objection?)

— Je n'en ai pas d'autre.

— Qui comptez-vous voir à Pétersbourg?

— Toutes les personnes qui me permettront de faire connaissance avec elles.

— Combien de temps comptez-vous rester en Russie?

— Je ne sais.

— Dites à peu près?

— Quelques mois.

— Avez-vous une mission diplomatique publique?

— Non.

— Secrète?

— Non.

— Quelque but scientifique?

— Non.

— Êtes-vous envoyé par votre gouvernement pour observer l'état social et politique de ce pays?

— Non.

— Par une société commerciale?

— Non.

— Vous voyagez donc librement et par pure curiosité?

— Oui.

— Pourquoi vous êtes-vous dirigé vers la Russie?

— Je ne sais, etc., etc., etc.

— Avez-vous des lettres de recommandation pour quelques personnes de ce pays ? »

On m'avait prévenu de l'inconvénient de répondre trop franchement à cette question : je ne parlai que de mon banquier.

Au sortir de cette séance de cour d'assises j'ai vu passer devant moi plusieurs de mes complices : on a vivement chicané ces étrangers sur quelques irrégularités reprochées à leurs passe-ports. Les limiers de la police russe ont l'odorat fin et selon les personnes ils se rendent difficiles ou faciles en passe-ports ; il m'a paru qu'ils mettaient une grande inégalité dans leur manière de traiter les voyageurs. Un négociant italien qui passait devant moi a été fouillé impitoyablement, j'ai presque dit fouillé au sang, au sortir du vaisseau : on lui a fait ouvrir jusqu'à un petit portefeuille de poche, on a regardé dans l'intérieur des habits qu'il avait sur le corps : si l'on m'en fait autant, me disais-je, ils me trouveront bien suspect.

J'avais les poches pleines de lettres de recommandation, et quoiqu'elles m'eussent été données à Paris en partie par l'ambassadeur de Russie lui-même, et par des personnes aussi connues qu'il l'est, elles étaient cachetées : circonstance qui m'avait fait craindre de les laisser dans mon écritoire ; je fermais donc mon habit sur ma poitrine en voyant approcher les hommes de la police. Ils m'ont fait passer sans fouiller ma personne ; mais lorsqu'il a fallu déballer toutes mes malles devant les commis de la douane, ces nouveaux ennemis se sont livrés au travail le plus minutieux sur mes effets, surtout sur mes livres. Ceux-ci m'ont été confisqués en masse sans aucune exception, mais toujours avec une politesse extraordinaire ; toutefois on ne tint aucun compte de mes réclamations. On m'a pris aussi deux paires de pistolets de voyage et une vieille pendule portative ; j'ai vainement tâché de comprendre et de me faire expliquer pourquoi cet objet était sujet à confiscation ; tout ce qui m'a été pris me sera rendu, à ce qu'on m'assura, mais non sans beaucoup d'ennuis et de pourparlers. Je répète donc avec les seigneurs russes, que la Russie est le pays des formalités inutiles.

Depuis plus de vingt-quatre heures que je suis à Pétersbourg, je n'ai encore rien pu arracher à la douane, et, pour mettre le comble à mes embarras, ma voiture envoyée de Kronstadt à Pétersbourg un jour plus tôt qu'on ne me l'avait promis, a été adressée à un prince russe et non à moi; pour peu qu'on se trompe de nom en Russie, on est sûr de tomber sur un prince. A présent il faudra des démarches et des explications sans fin avant de prouver l'erreur des douaniers; car le prince de ma voiture est absent. Grâce à cette confusion et à ce guignon, je vais être obligé peut-être de me passer pendant longtemps de tout ce que j'avais laissé dans cette voiture.

Entre neuf et dix heures je me suis vu personnellement dégagé des entraves de la douane, et j'ai pu entrer à Pétersbourg, grâce aux soins d'un voyageur allemand que *le hasard* m'a fait rencontrer sur le quai. Si c'est un espion, il est du moins serviable : il parlait russe et français; il voulut bien se charger de me faire chercher un drowsky, tandis qu'avec une charrette il aidait lui-même mon valet de chambre à transporter chez Coulon, l'aubergiste, une petite partie de mes bagages qu'on venait de me rendre. J'avais recommandé à mon domestique de n'exprimer aucun mécontentement.

Coulon est un Français qui passe pour tenir la meilleure auberge de Pétersbourg; ce qui ne veut pas dire qu'on soit bien chez lui. En Russie, les étrangers perdent bientôt toute trace de nationalité, sans toutefois s'assimiler jamais aux indigènes. Le secourable étranger me trouva même un guide qui parlait allemand et qui monta dans le drowsky, derrière moi, afin de répondre à toutes mes questions; cet homme m'a nommé les monuments devant lesquels il nous fallut passer pendant le trajet de la douane à l'auberge, trajet qui ne laisse pas que d'être long, car les distances sont grandes à Pétersbourg.

La trop célèbre statue de Pierre-le-Grand attira d'abord mes regards; elle m'a paru d'un effet singulièrement désagréable; placée sur son rocher par Catherine, avec cette inscription assez orgueilleuse dans son apparente simplicité : « *à Pierre Ier Catherine II.* » Cette figure d'homme à cheval n'est ni antique, ni moderne; c'est un Romain du temps de Louis XV. Pour aider le cheval à se soutenir, on lui a mis aux jambes un énorme serpent : malheureuse idée ! qui ne sert qu'à trahir l'impuissance de l'artiste.

Cette statue et la place sur laquelle elle se perd sont ce que j'ai vu de plus remarquable dans le trajet que j'ai fait de la douane à l'auberge.

Je me suis fait arrêter un instant devant les échafaudages d'un monument déjà fameux en Europe, quoiqu'il ne soit pas terminé : ce sera l'église de Saint-Isaac ; enfin j'ai vu la façade du nouveau palais d'hiver, autre résultat prodigieux de la volonté d'un homme, appliquée à lutter à force d'hommes contre les lois de la nature. Le but a été atteint, car en un an ce palais est sorti de ses cendres, et c'est le plus grand, je crois, qui existe ; il équivaut au Louvre et aux Tuileries réunis.

Pour que le travail fût terminé à l'époque désignée par l'empereur, il a fallu des efforts inouïs ; on a continué les ouvrages intérieurs pendant les grandes gelées ; six mille ouvriers étaient continuellement à l'œuvre ; il en mourait chaque jour un nombre considérable, mais les victimes étant à l'instant remplacées par d'autres champions qui couvraient les vides pour périr à leur tour sur cette brèche inglorieuse, les morts ne paraissaient pas. Et le seul but de tant de sacrifices était de justifier le caprice d'un homme ! Chez les peuples naturellement, c'est-à-dire anciennement civilisés, on n'expose la vie des hommes que pour des intérêts communs, et dont presque tout le monde reconnaît la gravité. Mais combien de générations de souverains n'a pas corrompus l'exemple de Pierre Ier !

Pendant des froids de 25 à 30 degrés, six mille

martyrs obscurs, martyrs sans mérite, martyrs d'une obéissance involontaire, car cette vertu est innée et forcée chez les Russes, étaient enfermés dans des salles chauffées à 30 degrés, afin d'en sécher plus vite les murailles. Ainsi ces malheureux subissaient en entrant, et en sortant de ce séjour de mort, devenu, grâce à leur sacrifice, l'asile des vanités, de la magnificence et du plaisir, une différence de température de 50 à 60 degrés.

Les travaux des mines de l'Oural sont moins contraires à la vie; pourtant les ouvriers employés à Pétersbourg n'étaient pas des malfaiteurs. On m'a conté que ceux de ces infortunés qui peignaient l'intérieur des salles les plus chauffées, étaient obligés de mettre sur leurs têtes des espèces de bonnets de glace, afin de pouvoir conserver l'usage de leurs sens sous la température brûlante qu'ils étaient condamnés à supporter pendant tout le temps de leur travail. On voudrait nous dégoûter des arts, de la dorure, du luxe et de toutes les pompes des cours, qu'on n'y pourrait travailler d'une manière plus efficace. Néanmoins le souverain était appelé père par tant d'hommes immolés sous ses yeux dans un but de pure vanité impériale.

Je me sens mal à l'aise à Pétersbourg depuis

que j'ai vu ce palais et qu'on m'a dit ce qu'il a coûté d'hommes. Ce ne sont ni des espions, ni des Russes moqueurs qui m'ont donné ces détails, j'en garantis l'authenticité.

Les millions de Versailles ont nourri autant de familles d'ouvriers français que ces douze mois du palais d'hiver, ont tué de serfs slaves; mais, moyennant ce sacrifice, la parole de l'Empereur a réalisé des prodiges et le palais terminé, à la satisfaction générale, va être inauguré par les fêtes d'un mariage. Un prince peut être populaire en Russie sans attacher grand prix à la vie des hommes. Rien de colossal ne s'obtient sans peine; mais quand un homme est à lui seul la nation et le gouvernement, il devrait s'imposer la loi de n'employer les grands ressorts de la machine qu'il fait mouvoir qu'à atteindre un but digne de l'effort.

Il me semble que, même dans l'intérêt bien entendu de son pouvoir, l'Empereur aurait pu accorder un an de plus aux gens de l'art pour réparer les désastres de l'incendie.

Un souverain absolu a tort de dire qu'il est pressé : il doit avant tout redouter le zèle de ses créatures, lesquelles peuvent se servir d'une parole du maître, innocente en apparence, comme d'un glaive pour opérer des miracles, mais aux dépens de la vie d'une armée d'esclaves! C'est grand; trop grand, car Dieu et les hommes finissent par tirer vengeance de ces inhumains prodiges; il y a imprudence pour ne rien dire de plus de la part du Prince à mettre à si haut prix une satisfaction d'orgueil : mais le renom qu'ils acquièrent chez les étrangers importe plus que toute autre chose, plus que la réalité du pouvoir aux princes russes. En cela ils agissent dans le sens de l'opinion publique; au surplus rien ne peut discréditer l'autorité chez un peuple où l'obéissance est devenue une condition de la vie. Des hommes ont adoré la lumière; les Russes adorent l'éclipse : comment leurs yeux seraient-ils jamais dessillés?

Je ne dis pas que leur système politique ne produise rien de bon; je dis seulement que ce qu'il produit coûte cher.

Ce n'est pas d'aujourd'hui que les étrangers s'étonnent de l'amour de ce peuple pour son esclavage : vous allez lire un extrait de la correspondance du baron d'Herberstein, ambassadeur de l'Empereur Maximilien, père de Charles V près du Czar Vassili Iwanowich. J'en ai la mémoire fraîche, car j'ai trouvé ce passage dans Karamsin, que je lisais hier sur le bateau à vapeur. Le volume qui le contient a échappé à la vigilance de la police dans la poche de mon manteau de voyage. Les espions les plus fins ne le sont jamais assez; je vous ai dit qu'on n'a point fouillé ma personne.

Si les Russes savaient tout ce que des lecteurs un peu attentifs peuvent apprendre de l'historien flatteur dont ils se glorifient, et que les étrangers ne consultent pourtant qu'avec une extrême défiance, à cause de sa partialité de courtisan, ils le prendraient en haine, et, se repentant d'avoir cédé à la manie des lumières, dont l'Europe moderne est possédée, ils supplieraient l'Empereur de défendre la lecture de tous les historiens de la Russie, Karamsin à leur tête, afin de laisser le passé dans des ténèbres également favorables au repos du despote et à la félicité des sujets qui ne sont jamais si à plaindre que lorsqu'on les plaint. Les pauvres gens se croiraient heureux si nous autres étrangers nous ne les qualifiions imprudemment de victimes. Le bon ordre et l'obéissance, les deux divinités de la police et de la nation russes, exigent, ce me semble, ce dernier sacrifice.

Voici donc ce qu'écrivait Herberstein en se récriant sur le despotisme du monarque russe : « Il (le Czar) dit, et tout est fait : la vie, la fortune des laïcs et du clergé, des seigneurs et des citoyens, tout dépend de sa volonté suprême. Il ignore la contradiction, et tout en lui semble juste, comme dans la divinité; car les Russes sont persuadés que le grand prince est l'exécuteur des décrets célestes : *Ainsi l'ont voulu Dieu et le Prince, Dieu et le Prince le savent*, telles sont les locutions ordinaires parmi eux, rien n'égale leur zèle pour son service; un de ses principaux officiers, vieillard à cheveux blancs et autrefois ambassadeur en Espagne, vint à notre rencontre lorsque nous entrâmes dans Moscou; il courait à cheval et s'agitait comme un jeune homme, la sueur découlait de son visage, et comme je lui en témoignais ma surprise. *« Ah! Monsieur le baron,* me répondit-il tout haut, *nous servons notre Monarque d'une tout autre façon que vous.*

« J'ignore si c'est le caractère de la nation russe qui a formé de tels autocrates, ou bien si les autocrates eux-mêmes ont donné ce caractère à la nation. »

Cette lettre écrite depuis plus de trois siècles vous peint les Russes d'alors, absolument tels que je vois les Russes d'aujourd'hui. A l'instar de l'ambassadeur Maximilien, je me demande encore si c'est le caractère de la nation qui a fait l'autocratie, ou l'autocratie qui a fait le caractère russe, et je ne puis résoudre la question non plus que ne le pouvait le diplomate allemand.

Il me semble cependant que l'influence est réciproque : ni le gouvernement russe ne se serait établi ailleurs qu'en Russie, ni les Russes ne seraient devenus ce qu'ils sont, sous un gouvernement différent de celui qu'ils ont.

J'ajoute une autre citation du même auteur Karamsin : il raconte ce que disaient au xvie siècle les voyageurs qui avaient parcouru la Moscovie. « Est-il étonnant, disent les étrangers, que le grand prince soit riche? Il ne donne d'argent ni à ses troupes, ni à ses ambassadeurs, même il enlève à ces derniers tout ce qu'ils rapportent de précieux des pays étrangers [1]. C'est ainsi que le prince Yaroslowsky, à son retour d'Espagne, fut obligé de déposer au trésor toutes les chaînes d'or, les colliers, étoffes précieuses et vases d'argent que l'Empereur et l'Archiduc Ferdinand d'Autriche lui avaient donnés. Cependant ces hommes ne se plaignent point, ils disent : « *le*

---

[1] Dickens, dans son Voyage aux États-Unis, dit que la même chose a lieu aujourd'hui en Amérique.

grand Prince prend, le grand Prince rendra. » Voilà comme on parlait du Czar en Russie au XVIᵉ siècle.

Aujourd'hui vous entendrez, soit à Paris, soit en Russie, nombre de Russes s'extasier sur les prodigieux effets de la parole de l'Empereur; et, tout en s'enorgueillissant des résultats, pas un ne s'appitoiera sur les moyens. La parole du Czar est créatrice, disent-ils. Oui : elle anime les pierres, mais c'est en tuant les hommes. Malgré cette petite restriction, tous les Russes sont fiers de pouvoir nous dire : « Vous le voyez, chez vous on délibère trois ans sur les moyens de rebâtir une salle de spectacle, tandis que notre Empereur relève en un an le plus grand palais de l'univers; » et ce puéril triomphe ne leur paraît pas payé trop cher par la mort de quelques chétifs milliers d'ouvriers sacrifiés à cette souveraine impatience, à cette fantaisie impériale qui devient, pour me servir des pluriels à la mode, une des gloires nationales. Et cependant, moi Français, je ne vois là qu'une pédanterie inhumaine. Mais, d'un bout de cet immense empire à l'autre, pas une protestation ne s'élève contre les orgies de la souveraineté absolue.

Peuple et gouvernement, ici tout est à l'unisson : les Russes ne renonceraient pas aux merveilles de volonté dont ils sont témoins, complices et victimes, quand il s'agirait de ressusciter tous les esclaves qu'elles ont coûté. Toutefois ce qui me surprend, ce n'est pas qu'un homme, nourri dans l'idolâtrie de lui-même, un homme qualifié de tout-puissant par soixante millions d'hommes ou de presqu'hommes, entreprenne et mette à fin de telles choses; c'est que, parmi les voix qui racontent ces choses à la gloire de cet homme unique, pas une seule ne se sépare du chœur pour réclamer en faveur de l'humanité contre les miracles de l'autocratie. On peut dire des Russes grands et petits, qu'ils sont ivres d'esclavage.

SOMMAIRE DE LA LETTRE NEUVIÈME.

Le drowska. — Costume des hommes du peuple. — Le cafetan. — Attelage russe. — Drowska perfectionné. — Pavés de bois. — Pétersbourg le matin. — La ville ressemble à une caserne. — Contraste entre la Russie et l'Espagne. — Courriers porteurs de dépêches. — La partie d'échecs. — Définition de la tyrannie. — Tyrannie et despotisme, confondus à dessein. — Le Tchin. — Caractère particulier du gouvernement russe. — La discipline à la place de l'ordre. — L'art ne trouve pas ici les conditions nécessaires à son développement. — L'auberge. — Ce qu'on y risque. — Le lit de camp au milieu de la chambre. — Promenade au hasard. — Les deux palais Michel. — Souvenirs de la mort de Paul Ier. — L'espion trompé. — Statue de Suwaroff. — La Néva, les quais, les ponts. — Inconvénient du site de Pétersbourg. — La cabane de Pierre Ier. — La citadelle, ses tombeaux et ses cachots. — Le couvent et le tombeau de Saint-Alexandre Newski. — La chambre du czar Pierre changée en chapelle. — Les vétérans russes. — Austérité du Czar. — Foi des Russes en l'avenir. Saint-Pétersbourg répond à leurs espérances et non à leurs souvenirs. — Orgueil justifié. Moscou explique Pétersbourg. — Grandeur de Pierre Ier. — Comparaison de Pétersbourg et de Munich. — Intérieur de la forteresse. — Prison souterraine. — Tombeau de la famille impériale. — Idolâtrie politique. — La souffrance des prisonniers. — Différence qu'il y a entre les châteaux forts des autres pays et une forteresse russe. — Malheur des Russes. — Leur dégradation morale. — Église catholique. — Dominicains à Pétersbourg. — Tolérance précaire. — Sépulture du dernier roi de Pologne. — Moreau déposé dans l'église où est enterré Poniatowski.

LETTRE NEUVIÈME.

Pétersbourg, ce 12 juillet 1839, au matin.

Ce fut avant-hier, entre neuf et dix heures, que j'obtins la libre entrée de Pétersbourg.

Cette ville est peu matinale : à ce moment de la journée, elle me fit l'effet d'une vaste solitude. De loin en loin je rencontrais quelques drowska..... (à Pétersbourg je crois qu'on dit un drowska comme à Varsovie un briska). Donc le drowska est mené par un cocher habillé à la manière du pays. L'aspect singulier de ces hommes, de leurs chevaux, de leurs voitures, est ce qui m'a paru le plus amusant au premier abord.

Voici le costume le plus ordinaire des hommes du peuple à Pétersbourg, non pas des portefaix, mais des ouvriers, des petits marchands, des cochers, etc., etc.; ils ont la tête couverte, soit d'une toque de drap à côtes, et en forme de melon, soit d'un chapeau à petit bord, à forme aplatie et plus large du haut que du bas : cette coiffure ressemble un peu à un turban de femme, ou à un berret basque. Elle sied bien aux hommes jeunes. Jeunes et vieux, tous ont de la barbe : les élégants l'ont soyeuse et peignée, les vieux et les négligents l'ont terne et mêlée. Leurs yeux ont une expression particulière; c'est le regard fourbe des peuples de l'Asie. Tellement qu'en les voyant passer on croit voyager en Perse.

Les cheveux longs sur les côtés tombent contre les joues, sur les deux oreilles, qu'ils cachent, tandis qu'ils sont coupés ras au-dessus de la nuque. Cette manière originale d'arranger leur tête laisse voir le cou à nu par derrière. Ils ne portent point de cravate.

Leur barbe descend quelquefois jusque sur la poitrine, quelquefois elle est coupée assez près du menton. Ils attachent beaucoup de prix à cet ornement qui s'accorde avec l'ensemble de leur costume mieux qu'avec les cols, les fracs, les gilets de nos jeunes élégants modernes. La barbe des Russes est imposante à tout âge, car les belles têtes blanches des popes plaisent aux peintres.

Le peuple russe a le sentiment du pittoresque : ses habitudes, ses meubles, ses ustensiles, son costume, sa figure conviennent à la peinture; aussi à chaque coin de rue de Pétersbourg trouve-t-on le sujet d'un gracieux tableau de genre.

Il faut vous compléter la description du costume

national : nos redingotes et nos fracs sont remplacés par un cafetan, longue robe persane très-ample en drap le plus souvent bleu, mais quelquefois verd brun, gris ou chamois; les plis de cette robe sans collet coupée juste au col, qu'elle laisse libre, forment une ample draperie serrée autour des reins par une ceinture de soie, ou de laine de couleur tranchante. Les bottes en cuir sont larges, arrondies du bout; elles prennent la forme du pied; leur tige, retombant sur elle-même, dessine naturellement quelques plis qui ne sont pas sans grâce.

Vous connaissez la singulière forme des drowska, on en voit maintenant partout des imitations plus ou moins exactes. C'est la plus petite voiture possible; elle est à peu près cachée par les deux ou trois hommes qu'elle peut traîner rez terre, car elle est basse à faire rire ou à faire peur. Elle consiste en une banquette rembourrée et munie de quatre garde-crottes en cuir vernis. Vous croiriez voir les ailes d'un insecte : cette banquette ainsi ornée est supportée par quatre petits ressorts placés de longueur sur quatre roues, les plus basses possibles. Le cocher s'assied en avant, les pieds presque touchant aux jarrets du cheval; et tout près du cocher, à califourchon sur la banquette, sont cramponnés ses maîtres : deux hommes montent quelquefois dans le même drowska. Je n'y ai pas vu de femmes. A ces singulières voitures, toutes légères qu'elles sont, on attèle un, deux, même trois chevaux ; le cheval principal, celui du brancard, a la tête passée dans un beau demi-cercle de bois assez élevé et qui figure un arc de triomphe mouvant. Ce n'est point un collier, car le cou du cheval est loin du bois; c'est plutôt un cerceau à travers lequel l'animal paraît s'avancer fièrement : cette manière d'atteler est sûre, elle est aussi d'un effet gracieux. Les diverses parties du harnais s'adaptent à ce bois d'une façon élégante et solide; une sonnette attachée au cerceau annonce l'approche du drowska. En voyant cet équipage, le plus bas des équipages, glisser à terre et fuir entre deux lignes de maisons, les plus basses des maisons, vous ne vous croyez plus en Europe. Vous ne savez à quel siècle, à quel monde appartient ce que vous avez devant les yeux, et vous vous demandez comment des hommes qui vous paraissaient ramper sur le pavé plutôt que diriger une voiture, ont pu disparaître au grand galop de leurs chevaux.

Le second cheval attelé hors la main, est encore plus libre que le limonier : il porte la tête en dehors, il a l'encolure toujours ployée à gauche et galoppe continuellement, même quand son camarade ne fait que trotter : on l'appelle le furieux.

Dans le principe, le drowska n'était qu'une planche de bois brut posée sans ressorts presqu'à terre entre quatre petites roues sur deux essieux : ce carosse primitif a été perfectionné, mais il a conservé sa légèreté originelle et son apparence étrange; quand vous enfourchez la planchette, vous croyez monter sur quelque bête apprivoisée; si pourtant vous ne voulez pas cheminer à cheval, vous vous asseyez de côté en vous tenant au cocher qui vous mène toujours au grand galop.

Il y a une nouvelle espèce de drowska où le banc n'est plus en long, et dont la caisse a la forme d'un tilbury, elle est posée sur quatre ressorts et portée par deux essieux et quatre roues, mais toujours rez terre. C'est un acheminement vers les voitures des autres pays, cela sent la mode anglaise; tant pis, car chez tous les peuples j'aime et je regrette ce qui est national.

La serre chaude, avec ses plantes d'autant plus souffrantes et d'autant plus étiolées qu'elles viennent de plus loin et qu'elles sont réputées plus précieuses, m'incommode d'abord et m'ennuie bientôt. J'aime mieux le désordre de la forêt indigène et dont les arbres puisent dans leur sol natal, sous leur climat naturel, une vigueur inconnue ailleurs. Ce qui est national dans les sociétés équivaut à ce qui est sauvage dans les sites ; il y a là une grâce primitive, une force, une ingénuité que rien n'imite ni ne remplace.

Ces imperceptibles voitures sont rudement cahotées sur les cailloux inégaux des rues de Pétersbourg ; à la vérité, dans certains quartiers, les pavés, toujours irréguliers, sont corrigés des deux côtés de la rue par des voies en blocs de bois de sapin incrustés. On les trouve dans les plus larges rues de la ville ; les chevaux courent là-dessus avec une grande vitesse, surtout par les temps secs, car la pluie rend le bois glissant. Ces mosaïques du Nord forment un encaissement dispendieux à cause des réparations continuelles qu'il exige ; mais elles valent mieux que le pavé.

Les mouvements des hommes que je rencontrais me paraissaient roides et gênés ; chaque geste exprime une volonté qui n'est point celle de l'homme qui le fait; tous ceux que je voyais passer portaient des ordres. Le matin est l'heure des commissions. Pas un individu ne paraissait marcher pour lui-même, et la vue de cette contrainte m'inspirait une tristesse involontaire. J'apercevais peu de femmes dans les rues, qui n'étaient égayées par aucun joli visage, par aucune voix de jeune fille; tout était morne, régulier comme à la caserne, comme au camp; c'était la guerre, moins l'enthousiasme, moins la vie. La discipline militaire domine la Russie. L'aspect de ce pays me fait regretter l'Espagne comme si j'étais né Andaloux; ce n'est pourtant pas la chaleur qui manque ici, car on y étouffe; c'est la lumière et la joie. L'amour et la liberté pour le cœur; pour les yeux l'éclat et la variété des couleurs sont inconnues ici; en un mot, la Russie est le contraire de l'Espagne dans une plus grande dimension. Je crois voir l'ombre de la mort planer sur cette partie du monde.

Tantôt vous voyez passer un officier à cheval courant au grand galop pour aller *porter un ordre* à quelque commandant de troupes; tantôt c'est un feldjäger qui va *porter un ordre* à quelque gouverneur de province, peut-être à l'autre extrémité de l'Empire, où il se rend en kibitka, petit char-à-banc russe sans ressorts et non rembourré. Cette voiture, conduite par un vieux cocher à barbe, entraîne rapidement le courrier à qui son rang défendrait de se servir d'un équipage plus commode, en eût-il un à sa disposition ; plus loin, des fantassins reviennent de l'exercice et se rendent à leurs quartiers pour *prendre l'ordre* de leur capitaine : rien que des fonctionnaires supérieurs qui commandent à des fonctionnaires inférieurs. Cette population d'automates ressemble à la moitié d'une partie d'échecs, car un seul homme fait jouer toutes les pièces, et l'adversaire invisible, c'est l'humanité. On ne se meut, on ne respire ici que par une permission ou par un ordre impérial ; aussi tout est-il sombre et contraint ; le silence préside à la vie et la paralyse. Officiers, cochers, cosaques, serfs, courtisans, tous serviteurs du même maître avec des grades divers, obéissent aveuglément à une pensée qu'ils ignorent ; c'est un chef-d'œuvre de discipline ; mais la vue de ce bel ordre ne me satisfait pas du tout, parce que tant de régularité ne s'obtient que par l'absence complète d'indépendance.

Parmi ce peuple privé de loisir et de volonté, on

ne voit que des corps sans âmes, et l'on frémit en songeant que, pour une si grande multitude de bras et de jambes, il n'y a qu'une tête. Le despotisme est un composé d'impatience et de paresse; avec un peu plus de longanimité de la part du pouvoir, d'activité de la part du peuple, le même résultat s'obtiendrait à bien meilleur marché; mais que deviendrait la tyrannie?... on reconnaîtrait qu'elle est inutile. La tyrannie, c'est la maladie imaginaire des peuples; le tyran déguisé en médecin leur a persuadé que la santé n'est pas l'état naturel de l'homme civilisé, et que plus le danger est grand, plus le remède doit être violent; c'est ainsi qu'il entretient le mal sous prétexte de le guérir. L'ordre social coûte trop cher en Russie pour que je l'admire.

Que si vous me reprochez de confondre le despotisme avec la tyrannie, je vous répondrai que c'est à dessein que je le fais. Ils sont si proches parents, qu'ils ne manquent presque jamais de s'unir en secret pour le malheur des hommes. Sous le despotisme, la tyrannie peut durer parce qu'elle garde le masque.

Lorsque Pierre-le-Grand établit ce qu'on appelle ici le *tchin*, c'est-à-dire lorsqu'il appliqua la hiérarchie militaire à toute l'administration de l'Empire, il changea sa nation en un régiment de muets dont il se déclara lui-même le colonel avec le droit de passer ce grade à ses héritiers.

Vous figurez-vous les ambitions, les rivalités, toutes les passions de la guerre en pleine paix? Si vous vous représentez bien cette absence de tout ce qui fait le bonheur domestique et social; si, à la place des affections de famille, vous vous préparez à trouver partout l'agitation non avouée d'une ambition toujours bouillonnante, mais secrète : car pour réussir il faut qu'elle soit masquée; si vous parvenez enfin à vous figurer le triomphe presque complet de la volonté d'un homme sur la volonté de Dieu, vous comprendrez la Russie.

Le gouvernement russe, c'est la discipline du camp substituée à l'ordre de la cité, c'est l'état de siége devenu l'état normal de la société.

Passé les heures de la matinée, la ville s'anime peu à peu, mais elle devient plus bruyante sans me paraître plus gaie; on ne voit que des voitures peu élégantes qui emportent, de toute la vitesse de leurs deux, de leurs quatre, et de leurs six chevaux, des gens toujours pressés, parce que leur vie se passe à *faire leur chemin.* Du plaisir sans but, c'est-à-dire du plaisir, c'est ici chose inconnue.

Aussi presque tous les grands artistes venus en Russie pour y recueillir le fruit de la renommée qu'ils avaient acquise ailleurs n'y sont restés qu'un instant, ou, s'ils ont prolongé leur séjour, ils ont nui à leur talent. L'air de ce pays est contraire aux arts; tout ce qui vient naturellement ailleurs ne pousse ici qu'en serre chaude. L'art russe ne sera jamais qu'une plante de jardin.

En arrivant à l'hôtel de Coulon, j'y ai trouvé un aubergiste français dégénéré; sa maison est à peu près remplie en ce moment à cause des fêtes du mariage de la grande-duchesse Marie, et il me parut presque contrarié d'être obligé de recevoir un hôte de plus; aussi s'est-il donné peu de peine pour m'accommoder. Après quelques allées et venues et beaucoup de pourparlers, il m'a pourtant établi au second, dans un appartement étouffant, composé d'une entrée, d'un salon et d'une chambre à coucher; le tout sans rideaux, sans stores, sans jalousies; notez que le soleil reste environ vingt-deux heures par jour sur l'horizon, et que ses rayons obliques pénètrent plus loin dans les maisons que le soleil d'Afrique qui tombe d'aplomb sur les têtes, mais qui n'entre pas au fond des chambres. On respire dans ce logement une atmosphère de plâtre, des odeurs de four à chaux, de poussière et de vivantes exhalaisons d'insectes mêlées de musc, tout à fait insupportables.

A peine installé, la fatigue de la nuit et de la matinée, l'ennui de la douane ont vaincu ma curiosité : au lieu d'aller me perdre dans Pétersbourg en errant selon mon habitude, seul, au hasard, à travers la grande ville inconnue, je me jetai tout enveloppé dans mon manteau sur un immense sofa de cuir, vert bouteille, qui tenait presque un panneau du salon et je m'endormis profondément pendant..... trois minutes.

Au bout de ce temps, je m'éveille avec la fièvre : et que vois-je en jetant les yeux sur mon manteau ?... un tissu brun, mais vivant; il faut appeler les choses par leur nom : je suis couvert, je suis mangé de punaises. La Russie en ce genre n'a rien à envier aux Espagnes. Mais dans le Midi on se console, on se guérit au grand air; ici on reste emprisonné avec l'ennemi, et la guerre est plus sanglante. Je jette loin de moi tous mes habits et me mets à courir par la chambre en criant au secours ! Quel présage pour la nuit! pensais-je, et je continuais de crier à tue-tête. Un garçon russe arrive, je lui fais comprendre que je veux parler à son maître. Le maître me fait attendre longtemps; enfin il arrive, et quand je lui apprends le sujet de ma peine, il se met à rire et se retire aussitôt en me disant que je m'y habituerai, car je ne trouverai pas autre chose à Pétersbourg; il me recommande cependant de ne jamais m'asseoir sur un canapé russe, parce que c'est sur ce meuble que couchent les domestiques qui portent toujours avec eux des légions d'insectes. Pour me tranquilliser, il m'assure que cette vermine ne viendra pas me chercher si je me tiens loin des meubles où elle reste discrètement renfermée.

Après m'avoir consolé de la sorte il m'abandonne dans la solitude de sa maison.

Les auberges de Pétersbourg tiennent du caravanserail; à peine casé, vous demeurez là livré à vous-même, et si vous n'avez vos propres domestiques, vous n'êtes point servi : le mien ne sachant pas le russe, n'est au fait de rien : non-seulement il ne pourra m'être utile, mais il me gênera, car il faudra que j'aie soin de lui comme de moi-même.

Cependant avec son intelligence italienne il m'eut bientôt trouvé dans un des corridors noirs de ce désert muré qu'on appelle l'hôtel Coulon, un domestique de place qui cherchait fortune. Cet homme parle allemand et le maître de l'auberge le recommande. Je l'arrête et lui dis ma peine. Aussitôt il me fait venir un lit de voyage en fer à la russe : j'achète ce meuble, j'en remplis le matelas avec de la paille la plus fraîche que je puisse obtenir et j'établis mon coucher, les quatre pieds dans des jarres pleines d'eau, au beau milieu de la chambre, que j'ai soin de faire démeubler entièrement. Ainsi retranché pour la nuit, je me rhabille, et, accompagné du domestique de place à qui je donne l'ordre de ne me point diriger, je sors de cette magnifique hôtellerie : palais en dehors, étable dorée et tendue de velours et de soie au dedans.

L'hôtel Coulon donne sur une espèce de *Square* assez gai pour ce pays-ci. Ce *Square* est borné d'un côté par le nouveau palais Michel, pompeuse habitation du grand-duc Michel, frère de l'Empereur. Je ne pouvais sortir sans passer devant la grille de ce palais qui attira mon attention tout d'abord. Il fut bâti pour l'Empereur Alexandre qui ne l'a point habité. Les trois autres côtés de la place sont fermés par de belles rangées de maisons percées de belles rues. Singulier hasard! à peine eus-je quitté le nouveau palais Michel que je me trouvai devant le vieux. Le vieux palais Michel est un vaste édifice carré, sombre et en tous points différent de l'élégante et moderne habitation du même nom.

Si les hommes se taisent en Russie, les pierres parlent et parlent d'une voix lamentable. Je ne m'étonne pas que les Russes craignent et négligent leurs vieux monuments : ce sont des témoins de leur histoire, que le plus souvent ils voudraient oublier : quand je découvris les noirs perrons, les profonds canaux, les ponts massifs, les péristyles déserts de ce sinistre palais, j'en demandai le nom, et ce nom me rappela malgré moi la catastrophe qui fit monter Alexandre sur le trône ; aussitôt toutes les circonstances de la lugubre scène par laquelle se termina le règne de Paul I*er* se représentèrent à mon imagination.

Ce n'est pas tout, par une ironie sanglante, devant la principale porte de ce sinistre édifice, on avait placé, avant la mort de celui qui l'occupait et par son ordre, la statue équestre de son père Pierre III, autre victime dont l'Empereur Paul se plaisait à honorer la déplorable mémoire pour déshonorer la mémoire triomphante de sa mère. Que de tragédies se sont jouées à froid dans ce pays où l'ambition, la haine même, sont calmes en apparence !! Chez les peuples du Midi la passion me réconcilie en quelque sorte avec leur cruauté ; mais la réserve calculée, la froideur des hommes du Nord ajoute un vernis d'hypocrisie au crime : la neige est un masque ; ici l'homme paraît doux parce qu'il est impassible ; mais le meurtre sans haine me cause plus d'horreur que l'assassinat vindicatif. La religion de la vengeance n'est-elle pas plus naturelle que la trahison par intérêt ? Plus je reconnais une impulsion involontaire dans le mal, plus je me sens consolé. Malheureusement c'est le calcul et non la colère, c'est la prudence qui ont présidé au meurtre de Paul. Les bons Russes prétendent que les conjurés ne s'étaient préparés qu'à le mettre en prison. J'ai vu la porte secrète qui conduisait à l'appartement de l'Empereur par un escalier dérobé ; cette porte donne dans une partie de jardin, près d'un grand fossé : c'est par là que Pahlen fit monter les assassins.

Voici ce qu'il leur avait dit la veille au soir : « Ou vous aurez tué l'Empereur demain à 5 heures du matin, ou, à 5 heures et demie vous serez dénoncés par moi à l'Empereur comme conspirateurs. » Le résultat de cette éloquente et laconique harangue n'était pas douteux.

Là-dessus, de peur des repentirs tardifs, il sortit

de chez lui pour n'y pas rentrer de la nuit ; et afin d'être bien certain qu'aucun des conjurés ne le retrouverait avant l'exécution, il se mit à parcourir les diverses casernes de la ville : il voulait connaître l'esprit des troupes.

Le lendemain, à cinq heures, Alexandre était Empereur et passait pour parricide ; quoiqu'il n'eût consenti (cette circonstance est vraie, je crois) qu'à faire enfermer son père, pour préserver sa mère de la prison, peut-être de la mort, pour se préserver lui-même d'un sort pareil, pour sauver son pays des fureurs et des caprices d'un autocrate fou.

Aujourd'hui les Russes passent devant le vieux palais Michel sans oser le regarder : il est défendu de raconter dans les écoles ni ailleurs la mort de l'Empereur Paul, ni même de croire à cet événement relégué parmi les fables.

Je m'étonne qu'on n'ait pas rasé le palais aux souvenirs incommodes : mais pour le voyageur, c'est une bonne fortune que de rencontrer un monument remarquable par son air de vétusté dans un pays où le despotisme rend tout uniforme, tout neuf ; où l'idée dominante efface chaque jour les traces du passé. Au reste, c'est cette mobilité qui explique pourquoi le vieux palais Michel est debout; il a été oublié. Sa masse carrée, ses fossés profonds, ses souvenirs tragiques, ses escaliers dérobés, ses portes secrètes si favorables au crime, son élévation peu ordinaire dans un pays où tous les édifices me paraissent écrasés, lui donnent un style imposant; avantage rare à Pétersbourg. Je m'étonne à chaque pas de voir la confusion qu'on n'a cessé de faire ici de deux arts aussi différents que l'architecture et la décoration. Pierre-le-Grand et ses successeurs ont pris leur capitale pour un théâtre.

Je fus frappé de l'air effaré de mon guide quand je le questionnai le plus naturellement que je pus sur ce qui s'est passé dans le vieux palais Michel. La physionomie de cet homme disait : « On voit bien que vous êtes un nouveau débarqué. » Vous voyez que tout le monde pense à ce que personne ne dit. L'étonnement, la terreur, la défiance, l'innocence affectée, l'ignorance jouée, l'expérience d'un vieux matois difficile à duper faisaient tour à tour de cette physionomie agitée malgré elle un livre aussi instructif qu'amusant à étudier. Quand votre espion est mis en défaut par votre apparente sécurité, il fait une mine vraiment grotesque, car il se croit compromis par vous dès qu'il voit que vous n'avez pas peur de l'être par lui; l'espion ne croit qu'à l'espionnage; et si vous échappez à ses filets, il se figure qu'il va tomber dans les vôtres.

Une promenade par les rues de Pétersbourg sous la garde d'un domestique de place, est, je vous assure, bien intéressante et ne ressemble guère à une course dans les capitales des autres pays du monde civilisé. Tout se tient dans un état gouverné avec une logique aussi serrée que l'est celle qui préside à la politique russe.

En quittant le vieux et tragique palais Michel, j'ai traversé une grande place qui ressemble au Champ de Mars de Paris, tant elle est vaste et vide. D'un côté un jardin public, de l'autre quelques maisons; du sable au milieu et partout de la poussière, voilà cette place : sa forme est vague, sa grandeur immense et elle finit à la Néva près d'une statue en bronze de Suwarroff.

La Néva, ses ponts et ses quais sont la vraie gloire de Pétersbourg. Ce tableau est si vaste que tout le reste paraît petit. La Néva est un vase plein jusqu'aux bords qui disparaissent sous l'eau prête à déborder de toutes parts. Venise et Amsterdam me semblent mieux défendues contre la mer que ne l'est Pétersbourg.

Je n'aime pas une ville qui n'est dominée par rien : certes le voisinage d'une rivière large comme un lac et qui coule à fleur de terre dans une plaine marécageuse perdue entre la brume du ciel, et les vapeurs de la mer, était de tous les sites du monde, le moins favorable à la fondation d'une capitale. Ici l'eau fera raison tôt ou tard de l'orgueil de l'homme : le granit même n'est pas assuré contre le travail des hivers dans cette humide glacière où la citadelle bâtie par Pierre-le-Grand a déjà usé deux fois ses remparts et ses fondements de rochers. On les a refaits et on les refera encore pour défendre ce chef-d'œuvre d'orgueil et de volonté.

J'ai voulu passer le pont à l'instant même pour voir de près cette fameuse citadelle ; mon domestique m'a conduit d'abord en face de la forteresse, à la maison de Pierre-le-Grand, séparée du château fort par une route et par un terrain vague. C'est une cabane conservée, dit-on, dans l'état où l'a laissée le Czar. Dans la citadelle sont enterrés aujourd'hui les Empereurs, et détenus les prisonniers d'État : singulière manière d'honorer les morts !... En pensant à tous les pleurs versés là, *sous* la tombe des souverains de la Russie, on croit assister aux funérailles de quelque roi de l'Asie. Même un tombeau arrosé de sang me semblerait moins impie ; les larmes coulent plus longtemps et plus douloureusement peut-être.

Tandis que l'Empereur ouvrier habitait la cabane, on bâtissait sous ses yeux sa future capitale. Il faut dire à sa louange qu'alors le palais lui importait moins que la ville. Une des chambres de cette illustre chaumière, celle qui servait d'atelier au Czar charpentier, est aujourd'hui transformée en chapelle ; on y entre avec autant de recueillement que dans les églises les plus révérées de l'Empire. Les Russes font volontiers des saints de leurs héros. Ils se plaisent à confondre les terribles vertus de leurs maîtres avec la bienfaisante puissance de leurs patrons, et s'efforcent de mettre les cruautés de l'histoire à l'abri de la foi.

Un autre héros russe, fort peu admirable à mon avis, a été sanctifié par les prêtres grecs : c'est Alexandre Newski, modèle de prudence, mais qui ne fut martyr ni de la bonne foi, ni de la générosité. L'église nationale canonisa ce prince plus sage qu'héroïque. C'est l'Ulysse des saints. On a bâti autour de ses reliques un couvent d'une grandeur prodigieuse.

Le tombeau, renfermé dans l'église de ce Saint-Alexandre, est à lui seul un monument; il est composé d'un autel d'argent massif surmonté d'une espèce de pyramide de même métal, et cette masse de trophées en argent monte ainsi jusqu'à la voûte d'une vaste église. Le couvent, l'église et le cénotaphe sont une des merveilles de la Russie. Ils sont situés à l'extrémité de la rue appelée *la Perspective Newski;* cette promenade se termine dans la partie de la ville opposée à la citadelle. Je viens d'aller les contempler avec plus d'étonnement que d'admiration; l'art n'entre pour rien dans cette œuvre de piété, mais le luxe en est prodigieux. Ce qu'il a fallu d'hommes et de lingots pour un tel mausolée effraye l'imagination. Il y a une heure qu'on m'y a conduit.

On m'a montré, dans la cabane du Czar, un canot construit par lui-même, et quelques autres objets religieusement conservés; ils sont aujourd'hui gardés par un vétéran. En Russie, les églises, les palais et beaucoup de lieux publics ainsi que de maisons particulières, sont confiés à la surveillance de militaires invalides. Ces malheureux n'auraient aucun moyen de pourvoir à leur existence dans leur vieillesse, si, au sortir de la caserne, on ne les changeait en portiers. A ce poste ils conservent leur longue redingote militaire; c'est une capote de laine grossière, de couleur sale et terne; à chaque visite que vous faites, des hommes ainsi vêtus vous reçoivent à la porte des maisons ou à l'entrée des monuments; ces espèces de spectres en uniforme vous rappellent la discipline sous laquelle vous vivez. Pétersbourg est un camp changé en ville.

Mon guide ne me fit pas grâce d'une image ni d'un morceau de bois dans la chaumière impériale. Le vétéran qui la garde, après avoir allumé plusieurs cierges dans la chapelle, qui n'est qu'un bouge célèbre, m'a montré la chambre à coucher de Pierre-le-Grand, empereur de toutes les Russies; un charpentier de nos jours n'y logerait pas son apprenti.

Cette glorieuse austérité peint l'époque et le pays autant que l'homme; alors en Russie on sacrifiait tout à l'avenir, on bâtissait des monuments dont personne n'avait que faire, car les maîtres à qui ces palais modernes étaient dévolus, n'étaient pas nés, et les constructeurs de tant de magnifiques édifices, sans éprouver pour eux-mêmes les besoins du luxe, se contentaient du rôle d'éclaireurs de la civilisation, précédant de loin les potentats inconnus dont ils s'enorgueillissaient de préparer les logements. Certes il y a de la grandeur d'âme dans ce soin que prend un chef et son peuple de la puissance; et même de la vanité des générations à naître; cette confiance des hommes vivants en la gloire de leurs arrière-neveux, a quelque chose de noble et d'original. C'est un sentiment désintéressé, poétique et fort au-dessus du respect ordinaire des hommes et des nations pour leurs ancêtres.

Ailleurs on a fait de grandes villes en mémoire des grands faits du passé : ou bien les cités se sont faites d'elles-mêmes à l'aide des circonstances et de l'histoire, sans le concours du moins apparent des calculs humains ; Saint-Pétersbourg avec sa magnificence et son immensité est un trophée élevé par les Russes à leur puissance à venir; l'espérance qui produit de tels efforts me paraît sublime! Depuis le temple des Juifs, jamais la foi d'un peuple en ses destinées n'a rien arraché à la terre de plus merveilleux que Saint-Pétersbourg. Et ce qui rend vraiment admirable ce legs fait par un homme à son ambitieux pays, c'est qu'il a été accepté par l'histoire.

LETTRE NEUVIÈME.

La prophétie de Pierre-le-Géant, sculptée dans la mer en blocs de granit, s'accomplit depuis un siècle sous les yeux de l'univers. Quand on songe que ces phrases, emphatiques partout ailleurs, ne sont ici que l'expression juste de la réalité, on s'arrête avec respect et l'on se dit : Dieu est là ! C'est la première fois que l'orgueil me paraît touchant : partout où la puissance de l'âme humaine se manifeste tout entière il y a lieu de s'émerveiller.

Au surplus l'histoire de Russie ne date pas comme l'ignorante et frivole Europe paraît le penser, du règne de Pierre Ier : Moscou explique Pétersbourg.

La délivrance de la Moscovie après de longs siècles d'invasion ; plus tard le siége et la prise de Kasan par Ivan-le-Terrible ; les luttes acharnées contre la Suède, et tant d'autres brillants et patients faits d'armes justifient la fière attitude de Pierre-le-Grand et l'humble confiance de sa nation. La foi en l'inconnu est toujours imposante. Cet homme de fer avait le droit de s'appuyer sur l'avenir ; ce sont les caractères comme le sien qui font ce que les autres espèrent. Je le vois avec la simplicité d'un vrai grand seigneur, c'est-à-dire d'un grand homme assis sur le seuil de cette cabane d'où il prépare en même temps contre l'Europe une ville, une nation et une histoire. La grandeur de Pétersbourg n'est pas vide et cette puissante ville dominant ses glaces et ses marais pour dominer le monde est superbe, moins superbe encore aux yeux qu'à la pensée ! A la vérité, cette merveille a coûté cent mille hommes engloutis, par obéissance, dans les marais pestilentiels qui sont aujourd'hui une capitale.

L'Allemagne voit de nos jours s'accomplir un chef-d'œuvre de critique : une de ses villes se transforme, savamment, en une ville de la Grèce et de l'Italie ancienne ; mais à la nouvelle Munich il manque un peuple antique ; Pétersbourg eût manqué aux Russes.

Au sortir de la maison de Pierre-le-Grand, j'ai repassé devant le pont de la Néva qui conduit aux îles, et je suis entré dans la forteresse de Pétersbourg.

Je vous l'ai dit, ce monument, dont le nom seul inspire la crainte, a usé deux fois ses remparts et ses fondements de granit, et il n'a pas cent quarante ans ! Quelle lutte !...

Ici les pierres souffrent violence comme les hommes.

On ne m'a pas laissé voir les prisons : il y a des

cachots sous l'eau; il y en a sous les toits; tous sont pleins d'hommes. On ne m'a mené qu'à l'église où sont renfermés les tombeaux de la famille régnante. J'étais devant ces tombeaux et je les cherchais encore, ne pouvant me figurer qu'une pierre carrée, sans ornement, de la longueur et de la largeur d'un lit, recouverte d'une courte-pointe en drap verd, brodée aux armes impériales, servît de sépulture à l'Impératrice Catherine Ire, à Pierre Ier, à Catherine II, et à tant d'autres princes jusqu'à l'Empereur Alexandre.

La religion grecque bannit la sculpture des églises; elles y perdent en pompe et en religieuse magnificence plus qu'elles n'y gagnent en mysticité, d'autant que la foi byzantine s'accommode des dorures, des ciselures et de certaines peintures d'un goût très-peu sévère. Les Grecs sont les enfants des iconoclastes, en Russie ils ont cru pouvoir mitiger la doctrine de leurs pères; ils auraient pu aller plus loin.

Dans cette citadelle funèbre les morts me paraissaient plus libres que les vivants. Tant que je restai dans son enceinte, il me sembla que je ne respirais qu'avec peine. Si c'était une idée philosophique qui eût fait enfermer dans le même tombeau les prisonniers de l'Empereur et les prisonniers de la mort, les conspirateurs et les souverains contre lesquels on conspire, je la respecterais ; mais je ne vois là que le cynisme du pouvoir absolu, que la brutale confiance d'un despotisme bien assuré. Avec cette force surnaturelle, on peut s'élever au-dessus des petites délicatesses humaines, bonnes pour le commun des gouvernements; un Empereur de Russie est si plein de ce qu'il se doit à lui-même, que sa justice ne s'efface pas devant celle de Dieu. Nous autres hommes de l'Occident, royalistes révolutionnaires, nous ne voyons dans un prisonnier d'État à Pétersbourg, qu'une innocente victime du despotisme; les Russes y voient un réprouvé. Voilà où mène l'idolâtrie politique.

Chaque bruit me paraissait une plainte; les pierres gémissaient sous mes pieds, et mon cœur se déchirait à faire l'écho des douleurs les plus atroces que l'homme ait jamais fait subir à l'homme. Ah ! je plains les prisonniers de cette forteresse ! A juger de l'existence des Russes enfermés sous la terre par celle des Russes qui se promènent dessus, on frémit !

J'ai vu ailleurs des châteaux forts, mais ce nom ne voulait pas dire ce qu'il dit à Pétersbourg. Je frissonnais en pensant que la fidélité la plus scrupuleuse, la probité la plus intacte ne mettent nul homme à l'abri des prisons souterraines de la citadelle de Pétersbourg; et mon cœur se dilata quand je repassai les fossés qui défendent cette triste enceinte et la séparent du reste du monde.

Hé! qui n'aurait pitié de ce peuple? Les Russes, je parle de ceux des classes élevées, vivent aujourd'hui sur des préjugés, sur une ignorance qu'ils n'ont plus!... L'affectation de la résignation me paraît le dernier degré de l'abjection où puisse tomber une nation esclave; la révolte, le désespoir seraient plus terribles sans doute, mais moins ignobles; la faiblesse dégradée au point de se refuser jusqu'à la plainte, cette consolation de la brute, la peur calmée par l'excès de la peur; c'est un phénomène moral dont on ne peut être témoin sans verser des larmes de sang.

Après avoir visité la sépulture des souverains de la Russie, je me suis fait ramener dans mon quartier et conduire à l'église catholique, desservie par des moines dominicains. J'y venais demander une messe pour un anniversaire dont aucun de mes voyages ne m'a encore empêché de faire la commémoration dans une église catholique. Le couvent des dominicains est situé dans la Perspective Newski, la plus belle rue de Pétersbourg. L'église n'est pas magnifique ; elle est décente ; les cloîtres sont solitaires ; les cours encombrées de débris, de bâtisses ; un air de tristesse règne dans toute la communauté, qui, malgré la tolérance dont elle jouit, m'a paru peu opulent et surtout peu rassurée. En Russie, la tolérance n'a pour garantie ni l'opinion publique, ni la constitution de l'État : comme tout le reste, c'est une grâce octroyée par un homme ; et cet homme peut retirer demain ce qu'il donne aujourd'hui.

En attendant le moment d'entrer chez le prieur, je me suis arrêté dans l'église ; là, j'ai rencontré sous mes pieds une pierre où je lus un nom qui m'a vivement ému : Poniatowski !... Royale victime de la fatuité, ce trop crédule amant de Catherine II est enterré là, sans aucune marque de distinction ; mais, dépouillé de la majesté du trône, il lui reste la majesté du malheur qui ne lui fait pas faute ; les infortunes de ce prince, son aveuglement si cruellement puni, et la perfide politique de ses ennemis, rendront tous les chrétiens et tous les voyageurs attentifs à son obscur tombeau.

Près de ce roi exilé a été déposé le corps tronqué

de Moreau. L'Empereur Alexandre l'a fait rapporter là de Dresde. L'idée de réunir les restes de deux hommes si à plaindre, afin de confondre dans une même prière les souvenirs de leurs destinées manquées, me paraît une des plus nobles pensées de ce prince qui, ne l'oublions jamais, a paru grand à son entrée dans une ville d'où venait de sortir Napoléon.

Vers quatre heures du soir, je me suis enfin souvenu que je n'étais pas arrivé en Russie seulement pour y voir des monuments plus ou moins curieux ni pour y faire des réflexions plus ou moins philosophiques; et j'ai couru chez l'ambassadeur de France.

Là mon mécompte fut grand; j'appris que le mariage de la grande-duchesse Marie avec le duc de Leuchtenberg devait avoir lieu le surlendemain et que j'arrivais trop tard pour pouvoir être présenté avant la cérémonie. Manquer cette solennité de cour dans un pays où la cour est tout, c'était perdre mon voyage.

SOMMAIRE DE LA LETTRE DIXIÈME.

Promenade des îles. — Caractère du paysage. — Beautés factices. — Les îles font partie de Pétersbourg. — Étendue des villes russes. — Les Russes tapissent sur la rue. — Manière dont ils placent les fleurs dans leurs maisons. — Les Anglais font le contraire. — Les productions les plus communes de la nature sont ici du luxe. — Souvenirs de la solitude qui percent même au milieu des jardins. — But de la civilisation dans le Nord. — Là le sérieux est dans la vie et la frivolité dans la littérature. — Le bonheur impossible en Russie. — Vie des gens du monde pendant leur séjour aux îles. — Ils ne pensent qu'à s'étourdir. — Brièveté de la belle saison. — Déménagements dès la fin d'août. — Les autres grandes villes ont plus de solidité que n'en a Pétersbourg. — Ici la vie n'appartient qu'à un homme. — L'égalité sous le despotisme. — Rigueur des gouvernements trop logiques. — Le despotisme en grand. — Il faut être Russe pour vivre en Russie. — Traits caractéristiques de la société russe. — Attachement affecté pour le prince. — Malheur d'un souverain tout-puissant. — Source des vertus privées chez les princes absolus. — Pavillon de l'Impératrice aux îles. — A quoi ressemble le mouvement de la foule après le passage de l'Impératrice. — Vermine dans les murs des auberges. — Le palais impérial n'en est pas exempt. — Portrait de l'homme du peuple quand il est de pure race slave. — Sa beauté. — La beauté est plus rare chez les femmes. — Coiffure nationale des femmes : elle devient rare. — Voitures dépourvues d'élégance. — L'état des paysans russes. — Rapports du paysan avec son seigneur. — Ils paient pour se faire acheter. — Fortune des particuliers dans la main de l'Empereur. — Seigneurs massacrés par leurs serfs. — Réflexions. — Monnaie vivante. — Luxe exécrable. — Différence qu'il y a entre la condition des ouvriers dans les pays libres et celle des serfs en Russie. — Le commerce et l'industrie modifieront la situation actuelle. — Apparence trompeuse. — Personne pour vous éclairer sur le fond des choses. — Soin qu'on prend de cacher la vérité à l'étranger. — On n'a le droit de s'intéresser qu'à l'Empereur. — Usurpation religieuse de Pierre Ier : mal plus grand que tout le bien qu'a fait cet Empereur. — L'aristocratie russe manque à ses devoirs envers elle-même et envers le peuple. — Regards scrutateurs des Russes. — Leur conduite envers les voyageurs qui écrivent. — État de la médecine en Russie. — Mystère universel. — Les médecins russes seraient meilleurs chroniqueurs que docteurs. — Permission d'assister au mariage de la grande-duchesse Marie. — Faveur particulière.

LETTRE DIXIÈME.

Pétersbourg, le même jour, 12 juillet 1839 au soir.

On m'a mené à la promenade des îles ; c'est un agréable marécage ; jamais la vase ne fut mieux déguisée sous les fleurs. Figurez-vous un bas-fond humide, mais que l'eau laisse à découvert pendant l'été, grâce aux canaux qui servent à égoutter le sol : tel est le terrain qu'on a planté de superbes bosquets de bouleaux et recouvert d'une foule de charmantes maisons de campagne. Des avenues de bouleaux, qui avec les pins sont les seuls arbres indigènes de ces landes glacées, font illusion; on se croit dans un parc anglais ; ce vaste jardin parsemé de *villas* et de *cottages* tient lieu de campagne aux habitants de Pétersbourg ; c'est le camp des courtisans richement habité pendant un moment de l'année, et désert le reste du temps : voilà ce qu'on nomme le district des îles.

On y arrive en voiture par plusieurs routes fort belles, avec des ponts jetés sur divers bras de mer.

En parcourant ces allées ombragées, vous pouvez

vous croire à la campagne, mais c'est une campagne monotone et artificielle. Pas de mouvement de terre, toujours le même arbre : comment produire de grands effets pittoresques avec de telles données? Le soin des hommes ne supplée qu'imparfaitement à la pauvreté de la nature. Ils ont fait ici tout ce qui pouvait se faire malgré le bon Dieu : c'est toujours bien peu de chose. Sous cette zone, les plantes de serre chaude, les fruits exotiques, même les produits des mines; l'or et les pierres précieuses sont moins rares que les arbres les plus communs de nos forêts : avec la richesse on se procure ici tout ce qui vient sous verre : c'est beaucoup comme sujet de description dans un conte de fée, cela ne suffit pas dans un parc. Une des châtaigneraies, une des chênaies de nos collines seraient des merveilles à Pétersbourg : des maisons italiennes entourées d'arbres de Laponie, et remplies de fleurs de tous les pays, font un contraste extraordinaire plutôt qu'agréable.

Les Parisiens qui n'oublient jamais Paris appelleraient cette campagne peignée les champs Élysées russes. Cependant c'est plus grand, plus champêtre et à la fois plus orné, plus artificiel que notre promenade de Paris. C'est aussi plus éloigné des quartiers élégants. Le district des îles est tout à la fois une ville et une campagne ; quelques prés conquis sur la fange des tourbières vous font par moments croire qu'il y a là des bois, des villages, des champs véritables : tandis que des maisons en forme de temples, des pilastres encadrant des serres chaudes, des colonnades devant des palais, des salles de spectacle à péristyles antiques, vous prouvent que vous n'êtes pas sorti de la ville.

Les Russes s'enorgueillissent à juste titre de ce jardin arraché à tant de frais au sol spongieux de Pétersbourg. Mais si la nature est vaincue, elle se souvient de sa défaite, et ne se soumet qu'avec humeur ; les friches recommencent de l'autre côté de la haie du parc. Heureux les pays où la terre et le ciel luttent de profusion pour embellir le séjour de l'homme et pour lui rendre la vie facile et douce !

J'insisterais peu sur les désagréments de ce sol disgracié ; je ne regretterais pas tant le soleil du Midi en voyageant dans le Nord, si les Russes affectaient moins de dédaigner ce qui manque à leur pays : leur parfait contentement s'étend jusqu'au climat, jusqu'à la terre ; naturellement portés aux fanfaronnades ils sont fats même pour la nature, comme ils sont fiers de la société qui les environne; ces prétentions m'empêchent de me résigner comme ce serait mon devoir, et comme c'était mon intention, à tous les inconvénients des contrées septentrionales.

Le delta renfermé entre la ville et l'une des embouchures de la Néva est aujourd'hui entièrement occupé par cette espèce de parc; il est cependant compris dans l'enceinte de Pétersbourg : les villes russes renferment des pays. Celui-ci serait devenu un des quartiers populeux de la nouvelle capitale si l'on avait suivi plus exactement le plan du fondateur. Mais peu à peu Pétersbourg s'est réfugié au midi du fleuve dans l'espoir d'échapper aux inondations et le terrain marécageux des îles a été réservé exclusivement aux maisons de printemps des personnes les plus riches et les plus élégantes de la cour : ces maisons sont à moitié cachées sous l'eau et sous la neige pendant neuf mois de l'année; alors les loups font la ronde autour du pavillon de l'Impératrice. Mais rien n'égale pendant les trois autres mois le luxe de fleurs de ces casins glacés le reste du temps; néanmoins sous cette élégance factice, perce le naturel des indigènes : la manie de briller est la passion dominante des Russes; aussi dans leurs salons, les fleurs sont-elles placées non pas de manière à rendre l'intérieur de l'habitation plus agréable, mais à être admirées du dehors : c'est absolument le contraire de ce qui se voit en Angleterre où l'on se garde avant tout de *tapisser sur la rue.* Les Anglais sont les hommes de la terre qui ont su le mieux remplacer le style par le goût : leurs monuments sont des chefs-d'œuvre de ridicule, et leurs habitations particulières, des modèles d'élégance et de bon sens.

Aux îles, toutes les maisons et tous les chemins se ressemblent. Dans cette promenade l'étranger erre sans ennui, du moins le premier jour. L'ombre du bouleau est transparente ; mais sous le soleil du Nord on ne cherche pas une feuillée bien épaisse. Un canal succède à un lac, une prairie à un bosquet, une cabane à une villa, une allée à une allée au bout de laquelle vous retrouvez des sites tout pareils à ceux que vous venez de laisser derrière vous. Ces tableaux rêveurs captivent l'imagination sans l'intéresser vivement, sans piquer la curiosité : c'est du repos ; et le repos est chose précieuse à la cour de Russie. Toutefois il n'y est pas estimé ce qu'il vaut.

Pendant quelques mois un théâtre égaye tant

qu'il peut ce quartier d'été des grands seigneurs russes. Aux alentours de la salle de spectacle, des rivières artificielles, des canaux ombragés, forment des allées d'eau, même cette eau s'étend quelquefois en petits lacs qui nourrissent l'herbe de leurs rives... l'herbe!... merveilleuse création de l'art sous un sol qui de soi ne produit que de la bruyère et des lichens; on se promène entre une infinité d'habitations obstruées de fleurs et cachées parmi les arbres comme les fabriques d'un parc anglais; mais malgré ces prodiges, la pâle et monotone verdure du bouleau attriste toujours l'aspect de cette ville jardin! Là le luxe le plus dispendieux ne peut s'appeler du superflu, car il y faut épuiser toutes les ressources de l'art, et dépenser des trésors pour produire ce qui vient de soi-même ailleurs, ce qu'on regarde comme des choses de pure nécessité.

Une lointaine forêt de pins élève par intervalles ses maigres et tristes aiguilles au-dessus des toits de quelques *villas* bâties en planches et peintes en pierre. Ces souvenirs de la solitude percent à travers la parure éphémère des jardins comme pour témoigner de la rigueur de l'hiver et du voisinage de la Finlande.

Le but de la civilisation du Nord est sérieux. Sous ces climats la société est le fruit, non des plaisirs de l'homme, non d'intérêts et de passions faciles à contenter, mais d'une volonté persistante et toujours contrariée qui pousse les peuples à d'incompréhensibles efforts. Là si les individus s'unissent, c'est pour lutter contre une nature rebelle et qui répond toujours avec peine aux appels qu'on lui fait. Cette tristesse, cette âpreté du monde physique engendre un ennui qui me fait comprendre les tragédies du monde politique si fréquentes dans cette cour. Là le drame se passe dans le monde positif, tandis que le théâtre reste livré au vaudeville qui ne fait peur à personne; en fait de spectacle ce qu'on préfère ici c'est le Gymnase, en fait de lecture, Paul de Kock. Les divertissements futiles sont les seuls permis en Russie. Sous un tel ordre de choses la vie réelle est trop sérieuse pour admettre une littérature grave. La farce, l'idylle ou l'apologue, bien voilé, peuvent seuls subsister en présence d'une si terrible réalité. Que si sous cette température hostile les précautions du despotisme viennent encore accroître les difficultés de l'existence, tout bonheur sera refusé à l'homme, tout repos lui deviendra impossible. Paix, félicité;

ce sont ici des mots aussi vagues que celui de paradis. Paresse sans loisir, inertie inquiète : voilà le résultat inévitable de l'autocratie boréale.

Les Russes jouissent peu de cette campagne qu'ils ont créée à leur porte. Les femmes vivent l'été aux îles comme l'hiver à Pétersbourg : se levant tard, faisant leur toilette le jour, des visites le soir, et jouant toute la nuit : s'oublier, s'étourdir : tel est le but apparent de toutes les existences.

Le printemps des îles commence au milieu de juin et dure jusqu'à la fin d'août; dans ces deux mois, excepté cette année, on a huit jours de chaleur répartis sur tout l'été ; les soirées sont humides, les nuits transparentes, mais nébuleuses, les jours gris; et la vie deviendrait d'une tristesse insupportable pour quiconque se laisserait induire à la réflexion. En Russie converser c'est conspirer, penser c'est se révolter : hélas ! la pensée n'est pas seulement un crime, c'est un malheur.

L'homme ne pense que pour améliorer son sort et celui des autres hommes ; mais lorsqu'on ne peut rien changer à rien, la pensée inutile s'envenime dans l'âme, qu'elle empoisonne faute d'autre emploi. Et voilà pourquoi dans le grand monde russe on danse à tout âge.

Une fois l'été passé, une pluie fine comme des aiguilles tombe incessamment pendant des semaines. Alors, en deux jours, on voit les bouleaux des îles se dépouiller de leurs feuilles, les maisons de leurs fleurs et de leurs habitants ; les rues, les ponts se couvrent de chars à déménagement, d'équipages crottés où s'entassent pêle-mêle avec le désordre, l'incurie et la malpropreté naturels aux peuples de race slave, des meubles, des étoffes, des planches, des caisses [1], et pendant que ce convoi de l'été s'achemine à pas lents vers l'autre extrémité de la ville, quelques équipages à quatre chevaux, quelques drowskas élégants reconduisent rapidement dans leur séjour d'hiver les propriétaires de ces trésors emmagasinés jusqu'à l'année suivante. Voilà comment l'homme riche du Nord, revenu des trop passagères illusions de son été, fuit devant la bise, et comment les ours et les loups rentrent en possession de leurs légitimes domaines ! Le silence reprend ses anciens droits sur les marais glacés, et la société frivole interrompt pour neuf mois ses représentations du désert. Acteurs

---

[1] L'auteur a assisté lui-même à ce déménagement lors de son retour de Moscou.

et spectateurs, tous quittent la ville de bois pour la ville de pierre; mais ils ne s'aperçoivent guère du changement, car à Pétersbourg la neige des nuits d'hiver répand presque autant d'éclat que le soleil des jours d'été; et les poêles russes sont plus chauds que les rayons d'une lumière oblique.

Le spectacle fini, on reploie les coulisses, les toiles, on éteint les lampes, les fleurs du caprice tombent, et quelques arbres malvenants gémissent seuls pendant neuf mois au-dessus des joncs du pâle marécage; alors les tourbières du pôle mises à nu, attristent de nouveau la forêt clair-semée qu'on appelait l'Ingrie et dont on a tiré Pétersbourg par enchantement.

Ce qui arrive aux îles tous les ans, arrivera une fois à la ville entière. Que cette capitale sans racines dans l'histoire, soit oubliée du souverain, un seul jour; qu'une politique nouvelle porte ailleurs la pensée du maître, le granit caché sous l'eau s'émiette, les basses terres inondées rentrent dans leur état naturel et les hôtes de la solitude reprennent possession de leur gîte.

Ces idées occupent la pensée de tous les étrangers qui se promènent parmi les légers équipages de Pétersbourg ; personne ne croit à la durée de cette merveilleuse capitale. Pour peu qu'on médite (et quel est le voyageur digne de son métier qui ne médite pas?) on prévoit telle guerre, tel revirement de la politique qui ferait disparaître cette création de Pierre Ier, comme une bulle de savon sous un souffle, comme une lanterne magique dont on éteint la lumière.

Nulle part je ne fus plus pénétré de l'instabilité des choses humaines ; souvent à Paris, à Londres, je me disais : un temps viendra où ce bruyant séjour sera plus silencieux qu'Athènes, que Rome, Syracuse ou Carthage : mais il n'est donné à nul homme de pressentir l'heure ni la cause immédiate de cette destruction, tandis que la disparition de Pétersbourg peut se prévoir ; elle peut arriver demain au milieu des chants de triomphe de son peuple victorieux. Le déclin des autres capitales suit l'extermination de leurs habitants, celle-ci périra au moment même où les Russes verront leur puissance s'étendre. Je crois à la durée de Pétersbourg comme à celle d'un système politique, comme à la constance d'un homme. C'est ce qu'on ne peut dire d'aucune autre ville du monde.

Quelle terrible force que celle qui fit sortir du

désert une capitale et qui d'un mot peut rendre à la solitude tout ce qu'elle lui a pris! Ici la vie propre n'appartient qu'au souverain : la destinée, la force, la volonté d'un peuple entier sont renfermées dans une tête. L'Empereur de Russie est la personnification du pouvoir social : au-dessous de lui règne l'égalité telle que la rêvent les démocrates modernes gallo-américains, Fourriéristes, etc. Mais les Russes reconnaissent une cause d'orage de plus que les autres hommes : la colère de l'Empereur. La tyrannie républicaine ou monarchique fait détester l'égalité absolue. Je ne crains rien tant qu'une logique inflexible appliquée à la politique. Si la France est matériellement heureuse depuis dix ans, c'est peut-être parce que l'apparente absurdité qui préside à ses affaires est une haute sagesse pratique; le fait substitué à la spéculation nous domine.

En Russie, le principe du despotisme fonctionne toujours avec une rigueur mathématique et le résultat de cette extrême conséquence est une extrême oppression. En voyant cet effet rigoureux d'une politique inflexible, on est indigné, et l'on se demande avec effroi d'où vient qu'il y a si peu d'humanité dans les œuvres de l'homme.

Mais trembler ce n'est pas dédaigne. : on ne méprise pas ce qu'on craint.

En contemplant Pétersbourg et en réfléchissant à la terrible vie des habitants de ce camp de granit, on peut douter de la miséricorde de Dieu, on peut gémir, blasphémer, on ne saurait s'ennuyer. Il y a là un mystère incompréhensible ; mais en même temps une prodigieuse grandeur. Le despotisme organisé comme il l'est ici, devient un inépuisable sujet d'observations et de méditation. Cet Empire colossal que je vois se lever tout à coup devant moi à l'Orient de l'Europe, de cette Europe où les sociétés souffrent de l'appauvrissement de toute autorité reconnue, me fait l'effet d'une résurrection. Je me crois en présence de quelque nation de l'Ancien Testament et je m'arrête avec un effroi mêlé de curiosité aux pieds du géant antédiluvien.

Ce qu'on voit du premier coup d'œil en entrant au pays des Russes, c'est que la société telle qu'elle est arrangée par eux, ne peut servir qu'à leur usage ; il faut être Russe pour vivre en Russie : et pourtant en apparence tout s'y passe comme ailleurs. Il n'y a de différence que dans le fond des choses.

Ce soir c'était une revue du monde élégant que j'étais allé faire aux îles : le monde élégant est, dit-on, le même partout; néanmoins je n'ai senti et pensé que des choses particulières : c'est que chaque société a une âme et que cette âme a beau se laisser endoctriner comme une autre par la fée qu'on appelle civilisation, et qui n'est que la mode de chaque siècle, elle conserve son caractère original.

Ce soir toute la ville de Pétersbourg, c'est-à-dire la cour, y compris sa suite, la domesticité, s'était réunie aux îles, non pour le plaisir désintéressé de la promenade par un beau jour, ce plaisir paraîtrait fade aux courtisans qui font la foule en ce pays; mais pour y voir passer *le paquebot* de l'Impératrice, spectacle sur lequel on ne se blase jamais. Ici tout souverain est un dieu; toute princesse est une Armide, une Cléopâtre. Le cortége de ces divinités changeantes est immuable; il se grossit d'un peuple toujours également fidèle, accouru sur leurs pas; à cheval, à pied, en voiture, le prince régnant est toujours à la mode et tout-puissant chez ce peuple.

Cependant ces hommes si soumis ont beau faire et beau dire, leur enthousiasme est contraint : c'est l'amour du troupeau pour le berger qui le nourrit pour le tuer. Un peuple sans liberté a des instincts, il n'a pas de sentiments; ces instincts se manifestent souvent d'une manière importune et peu délicate : les Empereurs de Russie doivent être excédés de soumission ; parfois l'encens fatigue l'idole. A la vérité ce culte admet des entr'actes terribles. Le gouvernement russe est une monarchie absolue, tempérée par l'assassinat ; et quand le prince tremble, il ne s'ennuie plus ; il vit donc entre la terreur et le dégoût. Si l'orgueil du despote veut des esclaves, l'homme cherche des semblables : or, un Czar n'a point de semblables ; l'étiquette et la jalousie font à l'envi la garde autour de son cœur solitaire. Il est à plaindre plus encore que ne l'est son peuple, surtout s'il vaut quelque chose.

J'entends vanter les joies domestiques que goûte l'Empereur Nicolas, mais j'y vois la consolation d'une belle âme plus que la preuve d'un bonheur complet. Le dédommagement n'est pas la félicité, au contraire, le remède constate le mal ; un Empereur de Russie a toujours du cœur de reste, quand il en a ; de là les vertus privées trop admirées chez l'Empereur Nicolas.

Ce soir l'Impératrice ayant quitté Péterhoff par mer, a débarqué à son pavillon des îles ; c'est là qu'elle vient attendre le moment du mariage de sa fille qui doit se célébrer demain au nouveau palais d'hiver. Lorsqu'elle loge aux îles, les ombrages qui environnent son pavillon servent d'abri pendant le jour à son régiment des chevaliers-gardes, l'un des plus beaux de l'armée.

Nous sommes arrivés trop tard pour la voir sortir de son bateau sacré; mais nous avons trouvé la foule encore émue du passage rapide de l'astre impérial. Les seuls tumultes possibles en Russie ce sont des joutes de flatteurs. Le sillage est sensible dans une foule de courtisans comme il l'est sur la mer où les plus gros vaisseaux laissent les plus longues traces. Ce soir le bouillonnement humain ressemblait tout à fait à l'agitation des vagues après le passage d'un puissant bâtiment de guerre. L'altier navire fend les flots à toutes voiles et l'onde écume longtemps encore après que la nef qui vient de la sillonner est entrée dans le port.

J'ai donc enfin respiré l'air de la cour ! Mais jusqu'ici je n'ai pu apercevoir aucune des divinités qui le font souffler sur les mortels.

Les maisons de plaisance les plus remarquables sont bâties autour, ou du moins dans le voisinage de ce pied-à-terre impérial. Ici l'homme vit des regards du maître comme la plante des rayons du

LETTRE DIXIÈME.

soleil ; l'air appartient à l'Empereur ; on n'en respire que ce qu'il en départ inégalement à chacun : chez le vrai courtisan le poumon obéit comme les épaules.

Il y a du calcul partout où il y a une cour, et une société ; mais nulle part il n'est à découvert comme ici. Cet Empire est une grande salle de comédie où de toutes les loges on voit dans les coulisses.

Il est une heure du matin ; le soleil va se lever ; je ne puis dormir encore ; je finirai donc ma nuit comme je l'ai commencée, en vous écrivant *sans lumière.*

Malgré les prétentions des Russes à l'élégance, les étrangers ne peuvent trouver dans tout Pétersbourg une auberge supportable. Les grands seigneurs amènent ici de l'intérieur de l'Empire une suite toujours nombreuse : comme il est leur propriété, l'homme est leur luxe. Sitôt que les valets sont laissés seuls dans l'appartement du maître, ils se vautrent à l'orientale sur tous les meubles qu'ils remplissent de vermine ; ces bêtes passent du crin dans le bois, du bois dans le plâtre, dans les plafonds, dans les murs, dans les planchers ; en peu de jours l'habitation est infectée sans ressources, et l'impossibilité de donner de l'air aux maisons pendant l'hiver éternise le mal.

Le nouveau palais impérial rebâti à tant de frais d'hommes et d'argent, est déjà rempli de ces bêtes ; on dirait que les malheureux ouvriers qui se tuèrent à orner plus vite l'habitation du maître, ont d'avance vengé leur mort en inoculant leur vermine à ces murs homicides ; déjà plusieurs chambres du palais impérial sont closes et cernées avant d'avoir été occupées. Si le château est infecté de cette troupe d'ennemis nocturnes, comment dormirais-je chez Coulon ? J'y renonce, mais la clarté des nuits me console de tout.

Tout à l'heure, à peine revenu des îles, à minuit, je suis encore ressorti à pied pour recueillir mes souvenirs et repasser dans ma mémoire les conversations qui m'avaient le plus intéressé pendant cette journée. Je vous en donnerai le résumé dans un instant.

Cette promenade solitaire m'a conduit à la belle rue appelée la Perspective Newski. Je voyais briller de loin, à la lueur du crépuscule, les petites colonnes de la tour de l'Amirauté, surmontée de sa haute aiguille métallique. La flèche de ce minaret chrétien est plus aiguë qu'aucun clocher gothique ; elle est dorée tout entière avec l'or des

LETTRE DIXIÈME.

ducats qui furent envoyés en présent à l'Empereur Pierre Ier par les États-unis de Hollande.

Cette chambre d'auberge, d'une malpropreté révoltante, et ce monument d'une magnificence fabuleuse, voilà Pétersbourg.

Comme vous le voyez, les contrastes ne manquent pas dans cette ville où l'Europe se donne en spectacle à l'Asie et l'Asie à l'Europe.

Le peuple est beau; les hommes de pure race slave, amenés de l'intérieur par les riches seigneurs qui les emploient à leur service, ou qui leur permettent d'exercer divers métiers dans Pétersbourg pendant un certain laps de temps, sont remarquables par leurs cheveux blonds et leur teint rosé, mais surtout par la perfection de leur profil qui rappelle les statues grecques; leurs yeux taillés en amande ont la coupe asiatique avec la couleur du Nord; ils sont ordinairement bleus de faïence, et ils ont une expression de douceur, de grâce et de fourberie particulière. Ce regard, toujours mobile, donne à l'iris des teintes chatoyantes et qui varient depuis le vert du serpent, le gris du chat jusqu'au noir de la gazelle, quoique le fond reste bleu; la bouche, ornée d'une moustache dorée et soyeuse, est d'une coupe parfaitement pure, et les dents, éclatantes de blancheur, éclairent le visage ; leur forme quelquefois aiguë les rend alors semblables aux dents du tigre ou à une scie; le plus souvent cependant elles sont d'une régularité parfaite. Le costume de ces hommes est toujours original; c'est tantôt la tunique grecque avec une ceinture de couleur tranchante, tantôt la robe persane, tantôt la redingote russe courte, fourrée en peau de mouton tournée vers le dehors ou vers le dedans, selon la température.

Les femmes du peuple sont moins belles; on en rencontre peu dans les rues et celles qu'on y voit n'ont rien d'attrayant; elles paraissent abruties. Chose singulière! les hommes ont de la recherche et les femmes de la négligence dans leur parure. Cela tient peut-être à ce que les hommes sont attachés à la maison des grands seigneurs par leur service. Les femmes du peuple ont la démarche pesante; elles portent pour chaussure de grosses bottes de cuir gras qui leur déforment le pied; leur personne, leur taille, tout en elles est sans élégance; leur teint terreux, même lorsqu'elles sont jeunes, n'a pas l'éclat de celui des hommes. Leur petite redingote à la russe, courte, ouverte par devant, est garnie de fourrures presque toujours déchirées et qui tombent en lambeaux. Ce costume serait joli, s'il était *mieux porté*, comme disent nos marchands, et si l'effet n'en était gâté le plus souvent par une taille déformée et par une malpropreté repoussante; la coiffure nationale des femmes russes est belle, mais elle devient rare; on ne la voit plus, m'a-t-on dit, que sur la tête des nourrices et sur celle des femmes de la cour aux jours de cérémonie; c'est une espèce de tour de carton, dorée, brodée et très-évasée du haut.

Les attelages sont pittoresques; les chevaux ont de la vitesse, du nerf et du sang, mais les équipages que j'ai vus réunis ce soir aux îles, sans en excepter les voitures des plus grands seigneurs, sont dépourvus d'élégance, ils manquent même de propreté. Ceci m'explique le désordre, la négligence des domestiques du grand-duc héritier, la pesanteur, le vilain vernis de ses carrosses que j'ai vus lors du passage de ce prince à Ems. La magnificence en gros, le luxe voyant, la dorure, l'air de grandeur, sont naturels aux seigneurs russes: l'élégance, le soin, la propreté ne le sont pas. Autre chose est d'aimer à étonner les passants par l'opulence, autre chose de jouir de la richesse, même en secret, comme d'un moyen de se cacher à soi-même le plus qu'on peut les tristes conditions de l'existence humaine.

On m'a conté ce soir plusieurs traits curieux relatifs à ce que nous appelons l'esclavage des paysans russes.

Il est difficile de nous faire une juste idée de la vraie position de cette classe d'hommes qui n'ont aucun droit reconnu, et qui cependant sont la nation même. Privés de tout par les lois, ils ne sont pas aussi dégradés au moral qu'ils sont socialement avilis; ils ont de l'esprit, quelquefois de la fierté; mais ce qui domine dans leur caractère et dans la conduite de leur vie entière, c'est la ruse. Personne n'a le droit de leur reprocher cette conséquence trop naturelle de leur situation. Ce peuple toujours en garde contre des maîtres dont il éprouve à chaque instant la mauvaise foi effrontée, compense à force de finesse le manque de probité des seigneurs envers leurs serfs.

Les rapports du paysan avec le possesseur de la terre ainsi qu'avec la patrie, c'est-à-dire l'Empereur qui représente l'État, seraient un objet d'étude digne à lui seul d'un long séjour dans l'intérieur de la Russie.

Dans beaucoup de parties de l'Empire les paysans

croient qu'ils appartiennent à la terre, condition d'existence qui leur paraît naturelle, tandis qu'ils ont peine à comprendre comment des hommes sont la propriété d'un homme. Dans beaucoup d'autres contrées les paysans pensent que la terre leur appartient. Ceux-ci sont les plus heureux, s'ils ne sont les plus soumis des esclaves.

Il y en a qui, lorsqu'on les met en vente, envoient au loin prier un maître dont la réputation de bonté est venue jusqu'à eux, de les acheter, eux, leurs terres, leurs enfants et leurs bêtes, et si ce seigneur, célèbre parmi eux pour sa douceur (je ne dis pas pour sa justice, le sentiment de la justice est inconnu en Russie, même parmi les hommes dénués de tout pouvoir), si ce seigneur désirable n'a pas d'argent, ils lui en donnent afin d'être sûrs qu'ils n'appartiendront qu'à lui. Alors le bon seigneur, pour contenter ses nouveaux paysans, les achète de leurs propres deniers et les accepte comme serfs; puis il les exempte d'impôts pendant un certain nombre d'années, les dédommageant ainsi du prix de leurs personnes qu'ils lui ont payé d'avance, en acquittant pour lui la somme qui représente la valeur du domaine dont ils dépendent, et dont ils l'ont, pour ainsi dire, forcé de devenir propriétaire. Voilà comment le serf opulent met le seigneur pauvre en état de le posséder à perpétuité, lui et ses descendants. Heureux de lui appartenir et à sa postérité, pour échapper par là au joug d'un maître inconnu, ou d'un seigneur réputé méchant. Vous voyez que la sphère de leur ambition n'est pas encore bien étendue.

Le plus grand malheur qui puisse arriver à ces hommes plantes, c'est de voir leur sol natal vendu : on les vend toujours avec la glèbe à laquelle ils sont toujours attachés ; le seul avantage réel qu'ils aient retiré jusqu'ici de l'adoucissement des lois modernes, c'est qu'on ne peut plus vendre l'homme sans la terre. Encore cette défense est-elle éludée par des moyens connus de tout le monde : ainsi au lieu de vendre une terre entière avec ses paysans, on vend quelques arpents et cent et deux cents hommes par arpent. Si l'autorité apprend cette escobarderie, elle sévit ; mais elle a rarement l'occasion d'intervenir, car entre le délit et la justice suprême, c'est-à-dire l'Empereur, il y a tout un monde de gens intéressés à perpétuer et à dissimuler les abus.....

Les propriétaires souffrent autant que les serfs de cet état de choses, surtout ceux dont les affaires sont dérangées. La terre est difficile à vendre, si difficile qu'un homme qui a des dettes et qui veut les payer, finit par emprunter à la banque impériale les sommes dont il a besoin, et la banque prend hypothèque sur les biens de l'emprunteur. Il résulte de là que l'Empereur devient le trésorier et le créancier de toute la noblesse russe, et que la noblesse ainsi bridée par le pouvoir suprême est dans l'impossibilité de remplir ses devoirs envers le peuple.

Un jour, un seigneur voulait vendre une terre : la nouvelle de ce projet met le pays en alarme; les paysans du seigneur députent vers lui les anciens du village qui se jettent à ses pieds et lui disent en pleurant qu'ils ne veulent pas être vendus. « Il le faut, répond le seigneur, il n'est pas dans mes principes d'augmenter l'impôt que paient mes paysans ; cependant je ne suis pas assez riche pour garder une terre qui ne me rapporte presque rien. —N'est-ce que cela, s'écrient les députés des domaines du seigneur, nous sommes assez riches, nous, pour que vous puissiez nous garder. » Aussitôt, de leur plein gré, ils fixent leurs redevances au double de ce qu'ils payaient depuis un temps immémorial.

D'autres paysans, avec moins de douceur et une

finesse plus détournée, se révoltent contre leur maître, uniquement dans l'espoir qu'ils deviendront serfs de la couronne. C'est le but de l'ambition de tous les paysans russes.

Affranchissez brusquement de tels hommes, vous mettez le feu au pays. Du moment où les serfs séparés de la terre verraient qu'on la vend, qu'on la loue, qu'or la cultive sans eux, ils se lèveraient en masse, en criant qu'on les dépouille de leur bien.

Dernièrement dans un village lointain où le feu avait pris, les paysans qui se plaignaient de leur seigneur à cause de sa tyrannie, ont profité du désordre qu'ils avaient peut-être causé eux-mêmes, pour se saisir de leur ennemi, c'est-à-dire de leur maître, pour l'entraîner à l'écart, l'empaler et le faire rôtir au feu même de l'incendie; ils ont cru se justifier suffisamment de ce crime en assurant *par serment* que cet infortuné avait voulu brûler leurs maisons et qu'ils n'avaient fait que se défendre.

Sur de tels actes l'Empereur ordonne le plus souvent la déportation du village entier en Sibérie; voilà ce qu'on appelle à Pétersbourg : *peupler l'Asie.*

Quand je pense à ces faits et à une foule d'autres cruautés plus ou moins secrètes qui ont lieu journellement dans le fond de cet immense Empire, où les distances favorisent également la révolte et l'oppression, je prends le pays, le gouvernement et toute la population en haine; un malaise indéfinissable me saisit, je ne songe plus qu'à fuir.

Le luxe de fleurs et de livrées étalé chez les grands m'amusait; il me révolte, et je me reproche comme un crime le plaisir que j'ai pris à le contempler d'abord : la fortune d'un propriétaire se suppute ici en têtes de paysans. L'homme non libre est monnayé, il vaut l'un dans l'autre dix roubles par an à son propriétaire qu'on appelle libre parce qu'il a des serfs. Il y a des contrées où chaque paysan rapporte trois et quatre fois cette somme à son seigneur. En Russie, la monnaie humaine change de valeur comme chez nous la terre, qui double de prix selon les débouchés qu'on trouve à ses produits. Je passe ici mon temps à calculer malgré moi, combien il faut de familles pour payer un chapeau, un châle; si j'entre dans une maison, un rosier, un hortensia, ne sont pas à mes yeux ce qu'ils me paraîtraient ailleurs : tout me semble teint de sang; je ne vois de la médaille que le revers. La somme des âmes condamnées à souffrir jusqu'à la mort pour compléter les aunes d'étoffe employées dans l'ameublement, dans l'ajustement d'une jolie femme de la cour, m'occupe plus que sa parure et sa beauté. Absorbé par le travail de cette triste supputation, je me sens devenir injuste; il est telle personne dont la figure toute charmante me rappelle, en dépit de mes réclamations secrètes, les caricatures contre Bonaparte répandues en 1813 dans la France et dans l'Europe. Quand vous aperceviez d'un peu loin le colosse de l'Empereur, il était ressemblant, mais en regardant de près cette image, vous reconnaissiez que chaque trait du visage était un composé de cadavres mutilés.

Partout le pauvre travaille pour le riche qui le paie; mais ce pauvre dont le temps est rétribué par l'argent d'un autre homme, n'est pas parqué pour sa vie dans un clos comme une pièce de bétail, et bien qu'il soit obligé de vaquer au labeur qui lui fournit chaque jour le pain de ses enfants, il jouit d'une sorte de liberté au moins apparente; or l'apparence, c'est presque tout pour un être à vue bornée et à imagination sans borne. Chez nous, le mercenaire a le droit de changer de pratiques, de domicile, même de métier, son travail n'est pas considéré comme la rente du riche qui l'emploie ; mais le serf russe est la chose du seigneur : enrôlé depuis sa naissance jusqu'à sa mort au service d'un même maître, sa vie représente à ce propriétaire de son travail une parcelle de la somme nécessaire à des caprices, à des fantaisies annuelles ; certes, dans un état constitué de la sorte, le luxe n'est plus innocent, il n'a point d'excuse. Toute société où la classe moyenne n'existe pas devrait proscrire le luxe comme un scandale, parce que, dans les pays bien organisés, ce sont les profits que cette classe retire de la vanité des classes supérieures qui motivent et excusent l'opulence des riches.

Si, comme on le dit, la Russie devient un pays industriel, les rapports du serf avec le possesseur de la terre ne tarderont pas à se modifier ; une population de marchands et d'artisans indépendants s'élèvera entre les nobles et les paysans, mais aujourd'hui elle commence à peine à naître ; elle se recrute encore presque uniquement parmi des étrangers. Les fabricants, les commerçants, les marchands sont presque tous des Allemands.

Il n'est que trop facile ici de se laisser prendre aux apparences de la civilisation. Si vous voyez la cour et les gens qui la grossissent, vous vous croyez chez une nation avancée en culture et en économie politique; mais lorsque vous réfléchissez aux rapports qui existent entre les diverses classes de la société, lorsque vous voyez combien ces classes sont encore peu nombreuses, enfin lorsque vous examinez attentivement le fond des mœurs et des choses, vous apercevez une barbarie réelle à peine déguisée sous une magnificence révoltante.

Je ne reproche pas aux Russes d'être ce qu'ils sont; ce que je blâme en eux, c'est la prétention de paraître ce que nous sommes. Ils sont encore incultes; cet état laisse du moins le champ libre à l'espérance, mais je les vois incessamment occupés du désir de singer les autres nations, et ils les singent à la façon des singes, en se moquant de ce qu'ils copient. Alors je me dis : voilà des hommes perdus pour l'état sauvage et manqués pour la civilisation, et le terrible mot de Voltaire ou de Diderot, oublié en France, me revient à l'esprit : « Les Russes sont pourris avant que d'être mûrs. »

A Pétersbourg, tout a l'air opulent, grand, magnifique, mais si vous jugiez de la réalité d'après cette figure des choses, vous vous trouveriez étrangement déçu; d'ordinaire le premier effet de la civilisation, c'est de rendre la vie matérielle facile ; ici tout est difficile ; une apathie rusée, tel est le secret de la vie du commun des hommes.

Voulez-vous apprendre avec exactitude ce qu'il faut voir dans cette grande ville ? si Schnitzler ne vous suffit pas, vous ne trouverez point d'autre guide[1] ; nul libraire ne vend un indicateur complet des curiosités de Pétersbourg ; or, les hommes instruits que vous questionnez ont un intérêt à ne vous éclairer pas, ou ils ont autre chose à faire qu'à vous répondre ; l'Empereur, le lieu qu'il habite, le projet qui l'occupe ostensiblement, voilà le seul sujet digne d'absorber la pensée d'un Russe qui pense. Ce catéchisme de cour suffit à la vie. Tous ont le désir de se rendre agréables au maître en contribuant à cacher quelque coin de la vérité aux voyageurs. Personne ne songe à favoriser les curieux ; on aime à les tromper par des documents faux ; il faudrait le talent d'un grand critique pour bien voyager en Russie. Sous le despotisme, curiosité est synonyme d'indiscrétion ; l'Empire, c'est l'Empereur régnant ; s'il se porte bien, vous êtes dispensé de tout autre souci, et votre cœur et votre esprit ont

---

[1] Schnitzler est l'auteur de la meilleure statistique qu'on ait faite sur la Russie.

le pain quotidien. Pourvu que vous sachiez où réside et comment vit cette raison de toute pensée, ce moteur de toute volonté, de toute action, vous, étranger ou sujet russe, vous n'avez rien à demander à la Russie, pas même votre chemin, car sur le plan russe de la ville de Pétersbourg, vous ne trouvez indiqué que le nom des principales rues.

Et pourtant cet effrayant degré de puissance n'a pas suffi au Czar Pierre; cet homme ne s'est pas contenté d'être la raison de son peuple, il en a voulu être la conscience; il a osé faire le destin des Russes dans l'éternité, comme il ordonnait de leurs démarches dans ce monde. Ce pouvoir qui suit l'homme au delà du tombeau me paraît monstrueux; le souverain qui n'a pas reculé devant une telle responsabilité, et qui, malgré ses longues hésitations, apparentes ou réelles, a fini par se rendre coupable d'une si exorbitante usurpation, a fait plus de mal au monde par ce seul attentat contre les prérogatives du prêtre et la liberté religieuse de l'homme, que de bien à la Russie par toutes ses qualités guerrières, administratives, et par son génie industrieux. Cet Empereur, type et modèle de l'Empire et des Empereurs actuels, est un singulier composé de grandeur et de minutie. Esprit dominateur comme les plus cruels tyrans de tous les siècles et de tous les pays, ouvrier assez ingénieux pour rivaliser avec les meilleurs mécaniciens de son époque, souverain scrupuleusement terrible ; aigle et fourmi, lion et castor, ce maître impitoyable pendant sa vie s'impose encore comme une espèce de saint à la postérité dont il veut tyranniser le jugement après avoir passé sa vie à tyranniser les actes de ses sujets ; juger cet homme, le qualifier avec impartialité, c'est aujourd'hui encore un sacrilége qui n'est pas sans danger même pour un étranger obligé de vivre en Russie. Je brave ce péril à chaque instant de la journée, car de tous les jougs le plus insupportable pour moi, c'est celui d'une admiration convenue [1].

---

[1] On lit dans M. de Ségur les faits suivants : « Pierre, lui-
« même, a interrogé ces criminels (les Strélitz) par la torture ;
« puis, à l'imitation d'Iwan-le-Tyran, il se fait leur juge, leur
« bourreau, il force ses nobles, restés fidèles, à trancher les têtes
« des nobles coupables, qu'ils viennent de condamner. Le cruel,
« du haut de son trône, assiste d'un œil sec à ces exécutions ; il fait
« plus, il mêle aux joies des festins l'horreur des supplices. Ivre de
« vin et de sang, le verre d'une main, la hache de l'autre, en une
« seule heure vingt libations successives marquent la chute de
« vingt têtes de Strélitz, qu'il abat à ses pieds, en s'enorgueillis-
« sant de son horrible adresse. L'année d'après, le contre-coup,

En Russie le pouvoir tout illimité qu'il est a une peur extrême du blâme, ou seulement de la franchise. Un oppresseur est de tous les hommes celui qui craint le plus la vérité, il n'échappe au ridicule que par la terreur et le mystère, de là il arrive qu'on ne peut parler des personnes ici, ni de rien ; pas plus *des maladies* dont sont morts les Empereurs Pierre III et Paul I*er* que des clandestines amours que quelques malveillants prêtent à l'Empereur régnant. Les distractions de ce prince ne passent... que pour des distractions ! Ceci une fois reconnu, quelques conséquences qu'elles aient d'ailleurs pour certaines familles, on doit les ignorer sous peine d'être accusé du plus grand des crimes aux yeux d'un peuple composé d'esclaves et de diplomates : du crime d'indiscrétion.

Je suis impatient de voir l'Impératrice. On la dit charmante ; mais elle passe ici pour frivole et pour

---

« soit du soulèvement de ses janissaires, soit de l'atrocité de leur
« supplice, retentit au loin dans l'Empire, d'autres révoltes éclatent.
« Quatre-vingts Strélitz, chargés de chaînes, sont traînés d'Azoph à
« Moscou ; et leurs têtes, qu'un boyard tient successivement par
« les cheveux, tombent encore sous la hache du Czar. » *Histoire de
Russie et de Pierre-le-Grand*, par M. le général comte de Ségur,
pages 327 et 328. Paris, Baudouin, 1820, deuxième édition.

fière. Il faut tout à la fois de la hauteur de sentiment et de la légèreté d'esprit pour supporter une existence comme celle qu'on lui a faite. Elle ne se mêle d'aucune affaire, ne s'informe d'aucune chose ; on sait toujours trop quand on ne peut rien. L'Impératrice fait comme les sujets de l'Empereur : tout ce qui est né russe ou veut vivre en Russie se donne le mot pour se taire indistinctement sur toute chose ; rien ne se dit ici et pourtant tout se sait : les conversations secrètes devraient être bien intéressantes ; mais qui se les permet ? Réfléchir, discerner, c'est se rendre suspect.

M. de Repnin gouvernait l'Empire et l'Empereur : M. de Repnin est disgracié depuis *deux ans*, et depuis *deux ans* la Russie n'a pas entendu prononcer ce nom, qui naguère était dans toutes les bouches. Il est tombé en un jour du faîte du pouvoir dans la plus profonde obscurité : personne n'ose se souvenir de lui ni même croire à sa vie, non pas à sa vie présente, mais à sa vie passée. En Russie, le jour de la chute d'un ministre, les amis deviennent sourds et aveugles. Un homme est enterré aussitôt qu'il a l'air disgracié. Je dis l'air parce qu'on ne s'avance jamais jusqu'à dire qu'un homme soit disgracié, quoiqu'il le paraisse quelquefois. Avouer la disgrâce c'est tuer. Voilà pourquoi la Russie ne sait pas aujourd'hui si le ministre qui la gouvernait hier existe. Sous Louis XV l'exil de M. de Choiseul fut un triomphe; en Russie la retraite de M. de Repnin est la mort.

A qui le peuple en appellera-t-il un jour du mutisme des grands? Quelle explosion de vengeance prépare contre l'autocratie l'abdication d'une aussi lâche aristocratie? Que fait la noblesse russe? elle adore l'Empereur, et se rend complice des abus du pouvoir souverain pour continuer elle-même à opprimer le peuple, qu'elle fustigera tant que le dieu qu'elle sert lui laissera le fouet et la main (notez que c'est elle qui a créé ce dieu). Était-ce là le rôle que lui réservait la Providence dans l'économie de ce vaste Empire? Elle en occupe les postes d'honneur? Qu'a-t-elle fait pour les mériter? Le pouvoir exorbitant et toujours croissant du maître est la trop juste punition de la faiblesse des grands. Dans l'histoire de Russie personne, hors l'Empereur, n'a fait son métier; la noblesse, le clergé, toutes les classes de la société se sont manqué à elles-mêmes. Un peuple opprimé a toujours mérité sa peine; la tyrannie est l'œuvre des nations. Ou le monde civilisé passera de nouveau avant cinquante ans sous le joug des barbares, ou la Russie subira une révolution plus terrible que ne le fut la révolution dont l'Occident de l'Europe ressent encore les effets.

Je remarque qu'on me craint ici parce qu'on sait que j'écris avec conviction ; nul étranger ne peut mettre le pied dans ce pays sans se sentir aussitôt pesé et jugé. « C'est un homme sincère, pense-t-on, donc il peut être dangereux ? » Voyez la différence : sous le gouvernement des avocats, un homme sincère n'est qu'inutile ! « La haine du despotisme règne vaguement en France, disent-ils ; elle est exagérée, et n'est point éclairée, aussi nous la bravons ; mais le jour où un voyageur, croyable parce qu'il croit, dira les abus réels qui ne peuvent manquer de lui sauter aux yeux chez nous, on nous verra tels que nous sommes. Aujourd'hui la France aboie contre nous sans nous connaître ; elle nous mordra le jour où elle nous connaîtra. »

Les Russes me font trop d'honneur sans doute par cette inquiétude ; mais, malgré la dissimulation de ces cœurs profonds, ils ne peuvent me cacher leur préoccupation à mon égard. Je ne sais si je dirai ce que je pense de leur pays, mais je sais qu'ils se rendent justice à eux-mêmes quand ils redoutent les vérités que je puis dire.

Les Russes ont le nom de tout et ils n'ont la chose de rien ; ils ne sont riches qu'en affiches : lisez les étiquettes, ils ont la civilisation, la société, la littérature, le théâtre, les arts, la science, mais ils n'ont pas un médecin ; le savoir consciencieux est inconnu dans une société qui vient de naître. Êtes-vous malade, avez-vous la fièvre? traitez-vous vous-même, ou faites appeler un médecin étranger. Si vous demandez à tout hasard le médecin accrédité dans le quartier que vous habitez, vous êtes mort, car la médecine russe est dans l'enfance. Hors le médecin de l'Empereur, qui est Russe et savant, m'a-t-on dit, les seuls docteurs qui ne vous assassinent pas sont pour la plupart des Allemands attachés aux princes : mais les princes vivent dans un mouvement perpétuel ; vous ne pouvez savoir positivement où ils sont : vous n'avez donc, à proprement parler, point de médecin. Ceci n'est pas une imagination ; c'est le résultat d'un fait que j'ai observé de mes yeux depuis plusieurs jours, et que je me refuse le plaisir de caractériser davantage dans ce récit pour ne compromettre personne. Comment faire courir à 20, 40 ou 60 werstes (deux lieues de France font sept werstes) pour savoir quel mal vous avez? Et si, après avoir envoyé chercher le médecin à la résidence habituelle de son prince, on ne l'y trouve pas, que devient votre espoir? « M. le docteur n'est point ici. » Vous ne pouvez obtenir d'autre réponse ; quel parti prendre? vous informer ailleurs ? Mais en Russie tout est matière à silence, tout sert à montrer la vertu favorite du pays, la réserve ; l'occasion de passer pour discret ne peut manquer à qui sait la saisir, et quel Russe ne voudrait pas se faire valoir à si peu de frais ? On doit ignorer les projets et la marche des grands ou des gens attachés à leur personne par un emploi de confiance tel que celui de médecin ; tout ce qu'il ne leur plaît pas d'en faire connaître officiellement à des hommes nés courtisans et dont la passion est l'obéissance doit rester secret. Ici le mystère tient lieu de mérite : si vous avez été éconduit par une première réponse évasive, gardez-vous bien de revenir à la charge et de recommencer vos questions. Vous êtes malade? c'est bon : ou vous guérirez tout seul ou vous mourrez ; ou vous attendrez le retour de votre médecin.

Au surplus, le plus habile de ces docteurs de princes est encore fort inférieur au dernier de nos médecins d'hôpitaux ; les plus savants praticiens ne tardent pas à se rouiller quand ils passent leur vie dans une cour. La cour a beau tenir lieu de tout à Pétersbourg, rien ne remplace pour le praticien l'expérience qu'il acquiert au lit du malade. Je lirais avec un vif intérêt de curiosité les Mémoires secrets et véridiques d'un médecin de cour en Russie, mais je ne suivrai pas ses ordonnances; ces hommes sont placés pour être meilleurs chroniqueurs que docteurs. Donc, en dernière analyse, ce que vous avez de mieux à faire si vous tombez malade chez ce peuple soi-disant civilisé, c'est de vous croire parmi des sauvages et de laisser agir la nature.

En rentrant chez moi ce soir j'y ai trouvé une lettre qui m'a causé la plus agréable surprise. Grâce à la protection de notre ambassadeur je serai admis demain dans la chapelle Impériale et j'y verrai le mariage de la grande-duchesse.

Paraître à la cour avant d'être présenté, c'est contre toutes les lois de l'étiquette; j'étais loin d'espérer une telle faveur. L'Empereur me l'accorde. Le comte Woronzoff, grand maître des cérémonies, sans m'avoir prévenu, car il ne voulait pas me leurrer d'une vague espérance, avait envoyé un courrier à Péterhoff, qui est à dix lieues de Saint-Pétersbourg, afin de supplier Sa Majesté de vouloir bien ordonner de mon sort pour le lendemain. Ce soin gracieux n'a pas été perdu. L'Empereur a répondu que je verrais le mariage dans la chapelle de la cour, et que je serais présenté sans cérémonie le soir du même jour au bal.

A demain donc au sortir de la chapelle Impériale.

FIN DU PREMIER VOLUME.

TABLE DES MATIÈRES

CONTENUES DANS CE VOLUME.

LETTRE PREMIÈRE A***

PAGE 3 A 12.

Arrivée du grand-duc héréditaire de Russie à Ems. — Caractère particulier des courtisans russes. — Différence de leurs manières quand le maître est présent ou absent. — Portrait du grand-duc. — Sa physionomie, son air souffrant. — Son père et son oncle au même âge. — Ses voitures. — Équipages négligés. — Mauvaise tenue des domestiques. — Supériorité de l'Angleterre dans les choses matérielles. — Soleil couchant sur le Rhin. — Le fleuve plus beau que ses bords. — Chaleur excessive.

LETTRE DEUXIÈME.

PAGE 13 A 50.

Progrès de la civilisation matérielle en Allemagne. — Le protestantisme en Prusse. — La musique employée comme moyen d'éducation pour les paysans. — Le culte de l'art prépare l'âme au culte de Dieu. — La Prusse, auxiliaire de la Russie. — Rapport qui existe entre le caractère du peuple allemand et celui de Luther. — Le ministre de France en Prusse. — Correspondance de mon père, conservée dans les archives de la légation française à

Berlin. — Mon père, à vingt-deux ans, nommé ministre de France près des cours de Brunswick et de Prusse en 1792. — M. de Ségur. — Le coup de couteau. — Indiscrétion de l'Impératrice Catherine. — Autre anecdote curieuse et inconnue relative à la convention de Pilnitz. — Mon père remplace M. de Ségur. — Son succès dans cette cour. — On le presse d'abandonner la France. — Il y retourne malgré les dangers qu'il prévoit. — Il fait deux campagnes comme volontaire sous son père. — Lettres de M. de Noailles alors ambassadeur de France à Vienne. — Ma mère. — Sa conduite pendant le procès du général Custine, son beau-père. — Elle l'accompagne au tribunal. — Danger qu'elle y court. — Le perron du palais de justice. — Comment elle échappe au massacre. — Les deux mères. — Mort du général. — Son courage religieux. — La Reine le remplace à la Conciergerie. — Souvenirs de Versailles au pied de l'échafaud. — Mon père publie une justification de la conduite du général. — On l'arrête. — Ma mère prépare l'évasion de son mari. — Dévouement de la fille du concierge. — Héroïsme du prisonnier. — Un journal. — Scène tragique dans la prison. — Mon père, martyr d'humanité. — Dernière entrevue dans une salle de la Conciergerie. — Incident bizarre. — Premières impressions de mon enfance. — Le gouverneur de mon père frappé d'apoplexie en lisant dans un journal la mort de son élève.

LETTRE TROISIÈME A M***

PAGE 51 A 100.

Suite de la vie de ma mère. — Son isolement entre tous les partis. — Elle veut émigrer. — Son arrestation. — Papiers mal cachés. — Protection providentielle. — Maison dévastée. — Dévouement de Nanette, ma bonne. — Son imprudence au tombeau de Marat. —

TABLE DES MATIÈRES.

Dévots au nouveau saint. — Vie de ma mère en prison. — Mesdames de Lameth, d'Aiguillon, et de Beauharnais, plus tard l'Impératrice Joséphine. — Caractère de ces jeunes femmes. — Portrait de ma mère. — Anecdotes à ajouter aux Mémoires du temps. — Un polichinelle aristocrate. — Une femme du peuple emprisonnée parmi les grandes dames. — Son caractère. — Elle est guillotinée avec son mari. — La partie de barres. — Le décadi en prison. — Visites domiciliaires. — Plaisanterie de Dugazon. — Interrogatoire. — Le président cordonnier et bossu. — Trait de caractère. — Le soulier de peau anglaise. — Le maître maçon Jérôme. — Terrible moyen de salut. — Le carton fatal. — Le 9 thermidor. — Fin de la terreur. — Raffinements de quelques historiens sur le caractère de Robespierre. — Les prisons, après sa chute. — La pétition de Nanette, apostillée par des ouvriers. — Le bureau de Legendre. — Délivrance. — Retour de ma mère dans sa maison. — La misère. — Trait de délicatesse du maître maçon Jérôme. — Bon sens de cet homme. — Sa mort. — Voyage de ma mère en Suisse. — Son entrevue avec madame de Sabran, sa mère. — La romance du Rosier reçue en prison. — Jugement de Lavater sur le caractère de ma mère. — Manière dont elle passait sa vie sous l'Empire. — Ses amis. — Second voyage en Suisse en 1811. — Sa mort en 1826, à 56 ans.

LETTRE QUATRIÈME.

PAGE 101 A 125.

Conversation avec l'aubergiste de Lubeck. — Ses remarques sur le caractère russe. — Différence d'humeur des Russes qui partent de chez eux et de ceux qui retournent en Russie. — Voyage de Berlin à Lubeck. — Inquiétude imaginaire. — Réalisation de ce qu'on pense. — Puissance de création mal employée. — Site de Travemünde.—Caractère des paysages du Nord.—Manière de vivre des pêcheurs du Holstein. — Grandeur particulière des paysages plats. — Nuits du Nord. — La civilisation sert à jouir des beautés de la nature. — Les hommes à demi barbares sont surtout curieux des choses factices. — Impression que me causent les noms. — C'est pour les steppes que je vais en Russie. — Naufrage du Nicolas Ier. — Description de cette scène. — Belle conduite d'un Français attaché à la légation de Danemarck. — On ne sait pas même son nom. — Ingratitude innocente. — Le capitaine du *Nicolas* destitué par l'Empereur. — Route de Schwerin à Lubeck. — Trait de caractère d'un diplomate. — Esprit de cour naturel aux Allemands. — La baigneuse de Travemünde. — Tableau de mœurs. — Dix ans de vie. — La jeune fille devenue mère de famille. — Réflexions.

LETTRE CINQUIÈME.

PAGE 127 A 186.

Nuits polaires. — Influence du climat sur la pensée humaine. — Montesquieu et son système. — Je lis sans lumière à minuit. — Nouveauté de ce phénomène. — Récompense des fatigues du voyage. — Paysages du Nord. — Accord des habitants avec le pays. — Aplatissement de la terre près du pôle. — On croit approcher du sommet des Alpes. — Côtes de Finlande. — Effets d'optique, rayons obliques du soleil. — Terreur poétique. — Mélancolie des peuples du Nord. — Conversation sur le bateau à vapeur. — Mal de mer dissipé par la mer. — Mon domestique. — Éloquence d'une femme de chambre citée par Grimm. — Arrivée du prince K*** sur le bateau à vapeur. — Son portrait, sa manière de faire connaissance. — Définition de la noblesse. — Différence qu'il y a entre les notions anglaises et nos idées sur ce

TABLE DES MATIÈRES. 349

sujet. — Le prince D***. — Son portrait. — Anecdote sur la noblesse anglaise. — L'Empereur Alexandre et son médecin en Angleterre. — L'Empereur ne comprend pas la noblesse à l'anglaise. — Ton de la société russe. — Le prince K*** défend contre moi le gouvernement de la parole. — Par quoi on mène les hommes. — Canning. — Napoléon. — L'action plus persuasive que la parole. — Entretien confidentiel. — Coup d'œil sur l'histoire de Russie. — Pourquoi les Russes sont ce qu'ils sont. — Héros de leurs temps fabuleux. — Ils n'ont rien de chevaleresque. — Ils ont payé tribut aux mahométans à qui les occidentaux avaient fait la guerre. — Ce qu'est l'autocratie. — Les princes russes ont fait dans l'esclavage l'apprentissage de la tyrannie. — Le servage se légalisait en Russie quand on l'abolissait dans le reste de l'Europe. — Rapport qu'il y a entre mes opinions et celles du prince K***. — La politique et la religion ne font qu'un en Russie. — Avenir de ce pays et du monde. — Paris détrôné par la piété de la génération qui s'avance. — Il aurait le sort de l'ancienne Grèce. — Récit que le prince et la princesse D*** nous font de leur séjour à Greiffenberg. — Cure par l'eau froide. — Le prince se fait arroser en notre présence. — Fanatisme du néophyte. — La princesse L***. — Le vaisseau de sa fille et le sien se croisent au milieu de la mer Baltique. — Bon goût des personnes du grand monde en Russie. — La France d'autrefois. — La faculté du respect, salutaire aux productions de l'esprit. — Portrait d'un voyageur français ex-lancier. — Littérature grivoise. — Pourquoi il amuse les dames russes. — Son genre de mauvais ton ne peut choquer des étrangers. — Plaisir de la traversée. — Société unique. — Chants russes, danses nationales. — Les deux Américains. — Le français des dames russes préférable à celui de beaucoup de polonaises. — Accident survenu à la machine du bateau à vapeur. — Diversité des caractères mise en relief. — Mot des deux princesses. — La fausse alerte. — La joie trahit la peur passée — Histoire romanesque pour la lettre suivante.

LETTRE SIXIÈME.

PAGE 187 A 211.

Histoire du baron Ungern de Sternberg. — Ses crimes ; sa punition sous l'empereur Paul. — Type des héros de lord Byron. — Parallèle de Water Scott et de Byron. — Le roman historique. — Autre histoire racontée par le prince K***. — Mariage de l'Empereur Pierre. — Obstination du boyard Romodanowski. — L'Empereur cède. — Influence de la religion grecque sur les peuples. — Indifférence des Russes pour la vérité. — La tyrannie vit de mensonge. — Le cadavre d'un Croï dans l'église de Revel depuis la bataille de Narva. — L'Empereur Alexandre trompé. — La Russie défendue contre un Russe. — Inquiétude des Russes relativement à l'opinion des étrangers. — Peur qu'on a de moi. — L'espion savant trompé.

LETTRE SEPTIÈME.

PAGE 213 A 241.

La marine russe. — Orgueil qu'elle inspire aux gens du pays. — Mot de lord Durham. — Évolutions des apprentis. — Grands efforts pour un petit résultat. — Cachot du despotisme. — Kronstadt. — Naufrage risible. — Douane russe. — Tristesse de la nature aux approches de Pétersbourg. — Souvenirs de Rome. — Nom donné par les Anglais aux vaisseaux de la marine royale. — Découragement. — Pensée de Pierre Iᵉʳ. — Les Génois. — Ile de Kronstadt. — Batteries de la forteresse. —

TABLE DES MATIÈRES.

Leur efficacité. — Plusieurs espèces de Russes de salon. — Difficultés du débarquement pour les voitures. — Abrutissement des employés inférieurs. — Interrogatoire subi par-devant les délégués de la police et de la douane. — Lenteurs des douaniers. — Mauvaise humeur des seigneurs russes. — Leur jugement sur la Russie. — Le chef suprême des douaniers. — Ses manières dégagées. — Nouvel examen. — L'Empereur n'y peut rien. — Changement subit dans les manières de mes compagnons de voyage. — Ils me quittent sans me dire adieu. — Ma surprise.

LETTRE HUITIÈME.

PAGE 243 A 265.

Arrivée à Pétersbourg par la Néva. — Architecture. — Contradiction entre le caractère du site et le style des édifices importés du Midi. — Absurde imitation des monuments de la Grèce. — La nature aux environs de Pétersbourg. — Tracasseries de la douane et de la police. — Interrogatoire minutieux. — On retient mes livres. — Difficultés du débarquement. — Aspect des rues. — Statue de Pierre-le-Grand. — Trop fameuse. — Palais d'hiver. — Rebâti en un an. — A quel prix ? — Le despotisme se révèle dès le premier pas qu'on fait dans ce pays. — Citation d'Herberstein. — Karamsin. — La vanité des Russes les aveugle sur l'inhumanité de leur gouvernement. — Esprit de la nation d'accord avec la politique de l'autocratie.

LETTRE NEUVIÈME.

PAGE 267 A 299.

Le drowska. — Costume des hommes du peuple. — Le cafetan. — Attelage russe. — Drowska perfectionné. — Pavés de bois. —

Pétersbourg le matin. — La ville ressemble à une caserne. — Contraste entre la Russie et l'Espagne. — Courriers porteurs de dépêches. — La partie d'échecs. — Définition de la tyrannie. — Tyrannie et despotisme, confondus à dessein. — Le Tchin. — Caractère particulier du gouvernement russe. — La discipline à la place de l'ordre. — L'art ne trouve pas ici les conditions nécessaires à son développement. — L'auberge. — Ce qu'on y risque. — Le lit de camp au milieu de la chambre. — Promenade au hasard. — Les deux palais Michel. — Souvenirs de la mort de Paul I*er*. — L'espion trompé. — Statue de Suwaroff. — La Néva, les quais, les ponts. — Inconvénient du site de Pétersbourg. — La cabane de Pierre I*er*. — La citadelle, ses tombeaux et ses cachots. — Le couvent et le tombeau de Saint-Alexandre Newski. — La chambre du czar Pierre changée en chapelle. — Les vétérans russes. — Austérité du Czar. — Foi des Russes en l'avenir. Saint-Pétersbourg répond à leurs espérances et non à leurs souvenirs. — Orgueil justifié. Moscou explique Pétersbourg. — Grandeur de Pierre I*er*. — Comparaison de Pétersbourg et de Munich. — Intérieur de la forteresse. — Prison souterraine. — Tombeau de la famille impériale. — Idolâtrie politique. — Souffrance des prisonniers. — Différence qu'il y a entre les châteaux forts des autres pays et une forteresse russe. — Malheur des Russes. — Leur dégradation morale. — Église catholique. — Dominicains à Pétersbourg. — Tolérance précaire. — Sépulture du dernier roi de Pologne. — Moreau déposé dans l'église où est enterré Poniatowski.

LETTRE DIXIÈME.

PAGE 301 A 343.

Promenade des îles. — Caractère du paysage. — Beautés factices. — Les îles font partie de Pétersbourg. — Étendue des villes russes.

TABLE DES MATIÈRES.

— Les Russes tapissent sur la rue. — Manière dont ils placent les fleurs dans leurs maisons. — Les Anglais font le contraire. — Les productions les plus communes de la nature sont ici du luxe. — Les souvenirs de la solitude percent même au milieu des jardins. — But de la civilisation dans le Nord. — Là le sérieux est dans la vie et la frivolité dans la littérature. — Le bonheur impossible en Russie. — Vie des gens du monde pendant leur séjour aux îles. — Ils ne pensent qu'à s'étourdir. — Brièveté de la belle saison. — Déménagements dès la fin d'août. — Les autres grandes villes ont plus de solidité que n'en a Pétersbourg. — Ici la vie n'appartient qu'à un homme. — L'égalité sous le despotisme. — Rigueur des gouvernements trop logiques. — Le despotisme en grand. — Il faut être Russe pour vivre en Russie. — Traits caractéristiques de la société russe. — Attachement affecté pour le prince. — Malheur d'un souverain tout-puissant. — Source des vertus privées chez les princes absolus. — Pavillon de l'Impératrice aux îles. — A quoi ressemble le mouvement de la foule après le passage de l'Impératrice. — Vermine dans les murs des auberges. — Le palais Impérial n'en est pas exempt. — Portrait de l'homme du peuple quand il est de pure race slave. — Sa beauté. — La beauté est plus rare chez les femmes. — Coiffure nationale des femmes : elle devient rare. — Voitures dépourvues d'élégance. — L'état des paysans russes. — Rapports du paysan avec son seigneur. — Ils paient pour se faire acheter. — Fortune des particuliers dans la main de l'Empereur. — Seigneurs massacrés par leurs serfs. — Réflexions. — Monnaie vivante. — Luxe exécrable. — Différence qu'il y a entre la condition des ouvriers dans les pays libres et celle des serfs en Russie. — Le commerce et l'industrie modifieront la situation actuelle. — Apparence trompeuse. — Personne pour vous éclairer sur le fond des choses. — Soin qu'on prend de cacher la vérité à l'étranger. — On n'a le droit de s'intéresser qu'à l'Empereur. — Usurpation religieuse de Pierre Ier : mal plus grand que tout le bien qu'a fait cet Empereur. — L'aristocratie russe manque à ses devoirs envers elle-même et envers le peuple. — Regards scrutateurs des Russes. — Leur conduite envers les voyageurs qui écrivent. — État de la médecine en Russie. — Mystère universel. — Les médecins russes seraient meilleurs chroniqueurs que docteurs. — Permission d'assister au mariage de la grande-duchesse Marie. — Faveur particulière.

FIN DE LA TABLE DES MATIÈRES.

www.ingramcontent.com/pod-product-compliance
Lightning Source LLC
Chambersburg PA
CBHW060553170426
43201CB00009B/763